AJUDAS DE ESTADO

A contribuição do modelo europeu para o Brasil

Patrícia Avigni

Mestre em Direito Público Econômico pela Université Paris 1 – Panthéon-Sorbonne e graduada em Direito pela Faculdade de Direito da Universidade de São Paulo. Advogada especializada em Direito Concorrencial atuante em São Paulo.

AJUDAS DE ESTADO

A contribuição do modelo europeu para o Brasil

Trabalho apresentado originalmente como dissertação para a obtenção do grau de Mestre em Direito Público Econômico pela Université Paris 1 – Panthéon-Sorbonne, cuja defesa ocorreu em setembro de 2011.

EDITORA SINGULAR

São Paulo
2013

A957 Avigni, Patrícia

Ajudas de Estado: a contribuição do modelo europeu para o Brasil. / Patrícia Avigni. São Paulo: Singular, 2013.

160 p.

ISBN: 978-85-86626-66-1

1. Ajuda federal, direito comparado, Brasil. Países da União Europeia. I. Título.

CDU: 339.923(4)(81)

Nilcéia Lage de Medeiros
Bibliotecária
CRB6: 1545

Revisão: Paola Morsello
Diagramação: Microart
Capa: Aeroestudio

Editora Singular

Tel/Fax: (11) 3862-1242
www.editorasingular.com.br
singular@editorasingular.com.br

Dedico este livro à minha mãe, Márcia Gottardi Avigni
(*in memoriam*).

Agradecimentos

Este livro é a versão atualizada da dissertação que apresentei para obtenção de grau de Mestre em Direito Público Econômico pela Université Paris 1 – Panthéon-Sorbonne, cuja defesa ocorreu em Paris, em setembro de 2011. Estudar nessa prestigiosa universidade francesa foi a realização de um sonho que superou todas as minhas expectativas. A escolha do tema foi motivada por sua importância e ineditismo tanto na França quanto no Brasil. Por esse motivo, acolhi com muito orgulho e alegria a sugestão de publicação feita pelos mestres franceses, que resulta neste livro.

Dedico este trabalho à minha mãe, erudita, perseverante e para quem o estudo era a chave do progresso. Sem essa valiosa herança, o projeto deste livro não teria se concretizado. Agradeço especialmente ao meu marido Edgard, a pessoa mais generosa que conheço, cuja paixão pela Academia foi determinante para o meu êxito no curso de Mestrado. Ao meu pai Tino, ao meu irmão Roberto, à minha madrinha Nelza e à minha amiga-irmã Ana Elisa, meus agradecimentos igualmente especiais, pelo apoio, torcida e paciência durante todo o tempo em que estive ausente, absorvida no preparo da dissertação.

Agradeço aos professores Masato Ninomiya, Tercio Sampaio Ferraz Jr., Ary Oswaldo de Mattos Filho e Vinícius Marques de Carvalho, por terem acreditado em mim e endossado a minha candidatura na Sorbonne. Aos mestres franceses Prof. Gérard Marcou, Laurent Vidal, Christophe Barthélemy e Amavi Kouévi, agradeço a atenção e paciência que recebi como aluna estrangeira, e sobretudo pela orientação e incentivo à pesquisa e ao debate.

Por fim, um agradecimento muito carinhoso à minha amiga Leonor Cordovil, a maior incentivadora desde projeto, sem a qual minha aventura francesa não teria sido tão gratificante.

A AUTORA.

Prefácio

Tive o prazer de conhecer Patrícia Avigni em 2010, quando ela me procurou para que elaborasse uma carta de recomendação em apoio à sua candidatura para o Master na Universidade Paris-1 (Panthéon-Sorbonne), tendo sido aceita, por mérito próprio, nessa prestigiosa instituição de ensino. Advogada em São Paulo, Patrícia desempenha papel relevante na área do Direito Concorrencial, o que é comprovado pelo trabalho aqui presente.

A Dissertação de Mestrado de Patrícia, que ora vem a público com o título de *Ajudas de Estado: a contribuição do modelo europeu para o Brasil*, é de particular importância para o Direito Concorrencial brasileiro e colabora para maior impulsão das discussões sobre ajudas de Estado em nosso País. Ao fazer uma análise comparada entre o sistema concorrencial da União Europeia e a realidade brasileira, a autora, em um competente trabalho doutrinário, busca apontar caminhos para que a concorrência no Brasil se desenvolva e se alinhe com a forma como outras jurisdições entendem esse tipo de intervenção na economia. Isso é de particular importância tendo em vista que, como apontado pela autora, não há regulação, no ordenamento jurídico brasileiro, sobre o controle concorrencial das ajudas de Estado.

O estudo atencioso das práticas de ajuda concedidas pelo BNDES, em nível federal, e pelos governos estaduais no tocante ao ICMS, em nível regional, também traz uma visão crítica desse tema, que ainda não foi abordado em legislação específica. A importância do estudo é evidente, pois postula uma análise, não raro negligenciada, acerca dos impactos das ajudas de Estado na concorrência. A autora defende que os atores econômicos contemplados com essas ajudas desfrutariam de vantagens econômicas que não teriam de outra forma, alterando discriminadamente os *market shares* e, consequentemente, o próprio equilíbrio de mercado. Embora essas medidas devam ser analisadas em cada contexto social e econômico e, em várias circunstâncias, possam acarretar ganhos de competitividade para o País, o fato é que o consumidor pode ser prejudicado, sobretudo nos casos em que o beneficiado exerce o seu poder de mercado de forma abusiva.

Enfim, o trabalho de Patrícia merece atenção, pois sua análise abarca as dificuldades enfrentadas pela União Europeia para implementar a forma de ajuda de Estado que atualmente vigora no bloco. Tendo em vista o objetivo da autora de aplicar a experiência europeia ao sistema concorrencial brasileiro, tal elucidação se faz particularmente importante, pois mostra cuidado não apenas em transplantar um entendimento, mas sim em compreender seus motivos de existência e pormenores. Trata-se, portanto, de uma bela obra doutrinária de Direito Comparado, pelo que recomendo fortemente a leitura.

VINICIUS MARQUES DE CARVALHO
Presidente do CADE

Sumário

Lista de Abreviaturas

ADIN	Ação Direta de Inconstitucionalidade
AUE	Ato Único Europeu
BACEN	Banco Central do Brasil
BID	Banco Interamericano de Desenvolvimento
BNDES	Banco Nacional de Desenvolvimento Econômico e Social
CADE	Conselho Administrativo de Defesa Econômica
CECA	Comunidade Europeia do Carvão e do Aço
CEE	Comunidade Econômica Europeia
CEEA	Comunidade Europeia de Energia Atômica
CJCE	Corte de Justiça das Comunidades Europeias
CONFAZ	Conselho Nacional de Política Fazendária
EEE	Espaço Econômico Europeu
FAT	Fundo de Amparo ao Trabalhador
GATT	Acordo Geral de Tarifas e Comércio
IBGE	Instituto Brasileiro de Geografia e Estatística
ICMS	Imposto sobre a Circulação de Mercadorias e Prestação de Serviços
IOF	Imposto sobre Operações Financeiras
IPI	Imposto sobre Produtos Industrializados
IPTU	Imposto sobre a Propriedade Predial e Territorial Urbana
IPVA	Imposto sobre a Propriedade de Veículos Automotores
ISS	Imposto Sobre Serviços
OCDE	Organização para a Cooperação e Desenvolvimento Econômico
OMC	Organização Mundial do Comércio
PAC	Plano de Aceleração do Crescimento

PDP	Política de Desenvolvimento Produtivo
PDTA	Programas de Desenvolvimento Tecnológico Agropecuário
PDTI	Programas de Desenvolvimento Tecnológico e Industrial
PITCE	Política Industrial, Tecnológica e de Comércio Exterior
PME	Pequenas e Médias Empresas
PNBE	Pensamento Nacional das Bases Empresariais
PSI	Programa de Sustentação do Investimento
REIDI	Regime Especial de Incentivos para o Desenvolvimento da Infraestrutura
RGIC	Regulamento Geral de Isenções por Categoria
SBDC	Sistema Brasileiro de Defesa da Concorrência
SDE	Secretaria de Direito Econômico
SEAE	Secretaria de Acompanhamento Econômico
SIEG	Serviços de Interesse Econômico Geral
SIGNE	Serviços de Interesse Geral Não Econômicos
STF	Supremo Tribunal Federal
TFUE	Tratado sobre o Funcionamento da União Europeia

Introdução

De tempos em tempos o Brasil relança o debate sobre o papel do Estado como patrocinador de determinadas empresas privadas ou de setores específicos da economia. Apoiado sobre o argumento do desenvolvimento econômico e do fortalecimento das empresas nacionais no exterior, o Estado brasileiro tem o hábito de ajudar as empresas privadas, sem se preocupar com os efeitos que isso gera sobre a concorrência. Cada vez que o Estado ajuda uma ou algumas empresas em detrimento de seus concorrentes, essa ajuda pode ser suscetível de falsear a concorrência, porque o beneficiário obtém uma vantagem econômica que não conseguiria alcançar por seus próprios méritos. O caráter discriminatório da ajuda concede ao beneficiário um privilégio que altera o equilíbrio concorrencial do mercado. As *ajudas de Estado* (ou *auxílios estatais*) podem ser acordadas diretamente pelo Estado, ou indiretamente por meio de organismos ligados ao Estado, e são concedidas de diversas formas, sendo que as mais tradicionais são as subvenções, as exonerações fiscais e os empréstimos a condições mais favoráveis. A lista é extensa, e o Estado possui uma grande margem de manobra para escolher as ajudas mais adequadas caso a caso.

Em geral, as empresas brasileiras que obtêm apoio financeiro do governo reforçam suas participações de mercado e passam a desfrutar de uma posição privilegiada em face dos concorrentes. A mudança na estrutura do mercado provocada pelo fator externo proveniente do financiamento acordado pelo governo à empresa favorecida não é fruto da livre concorrência. As ajudas de Estado podem criar ou aumentar um poder de mercado que, se exercido de forma abusiva pelo agente econômico beneficiado, causará, no limite, danos à sociedade.

A Comissão Europeia proíbe as ajudas de Estado, exceto se se justificam em razão do desenvolvimento econômico geral da União Europeia. A Comissão atua de maneira a garantir que os auxílios estatais sejam concedidos conforme o direito comunitário e segundo os parâmetros necessários e suficientes à ajuda solicitada, sem que isso produza uma vantagem competitiva desproporcional. Fiel ao princípio da livre concorrência, a Comissão controla as ajudas de Estado para que estas não se transformem em um entrave à concorrência ou ao comércio entre os Estados membros.

Ainda que o Brasil não faça parte de uma estrutura supranacional econômica e política semelhante à União Europeia, este livro procura demonstrar que o modelo europeu de controle das ajudas de Estado poderia ser adotado no Brasil, visto que os auxílios estatais possuem a mesma natureza e podem provocar distorções análogas na concorrência. Se levarmos em consideração que a dinâmica concorrencial é essencialmente a mesma, qualquer que seja a estrutura político-econômica adotada, a proteção à concorrência entre países ou em um único país é justificável.

Ao longo deste livro, nos proporemos a responder à seguinte pergunta: *O controle concorrencial das ajudas de Estado adotado pela União Europeia poderia ser aplicado no Brasil?* A questão parece-nos particularmente interessante, porque o Brasil não possui nenhum tipo de legislação ou controle concorrencial sobre os auxílios estatais que o governo brasileiro oferece a certas empresas ou setores econômicos. Em razão de sua importância, escolhemos as ajudas concedidas pelo Banco Nacional de Desenvolvimento Econômico e Social (BNDES) em nível federal, e as ajudas dadas pelos governos estaduais por meio do Imposto sobre a Circulação de Mercadorias e Prestação de Serviços (ICMS), em nível regional. O BNDES é o principal instrumento de financiamento a longo prazo do governo para a realização de investimentos em vários setores da economia, contribuindo para a criação de grandes empresas brasileiras (as "multinacionais verde-amarelas").

Frequentemente esses financiamentos são usados para a aquisição de concorrentes, promovendo a concentração econômica. Além do BNDES, as ajudas de Estado podem vir de outras instituições e programas de incentivo fiscal, financiamentos, isenções e benefícios proporcionados por estados e municípios. O tema é importante sob a perspectiva da Política de Desenvolvimento Produtivo (PDP) do governo federal, que pôs em prática diversas medidas de ajuda.

Na primeira parte deste trabalho, verificaremos as semelhanças e as diferenças entre os sistemas supranacional e nacional da União Europeia e do Brasil, assim como o alcance da legislação aplicável. Também teremos a oportunidade de conhecer os critérios de identificação de uma ajuda de Estado adotados pela Comissão, com o objetivo de compará-los com as ajudas de Estado concedidas no Brasil. Ao concluir que os auxílios estatais concedidos na Europa e no Brasil possuem as mesmas características, conheceremos o procedimento de controle das ajudas de Estado instituído pela Comissão Europeia, e a posição da autoridade brasileira de defesa da concorrência (CADE) diante da ausência de dispositivos de controle similares.

Na segunda parte, estudaremos os principais desafios e dificuldades enfrentados pela União Europeia para controlar as ajudas de Estado e como a Comissão reagiu diante de situações de urgência. As proposições de reforma e os fatores de sucesso do sistema europeu serão também examinados, com o propósito de confrontá-los com os obstáculos que encontraríamos no Brasil, diante da hipótese de criação de um sistema brasileiro inspirado no modelo europeu. Ao final, verificaremos se a autoridade brasileira de defesa da concorrência possui o poder e o dever de controlar os auxílios estatais. O estudo do tema pode contribuir para que a experiência europeia seja comparada à realidade brasileira, com o objetivo de identificar a viabilidade, as vantagens e os inconvenientes da criação futura de um mecanismo de controle de ajudas de Estado no Brasil.

Primeira Parte

AS AJUDAS DE ESTADO NO CONTEXTO DA UNIÃO EUROPEIA E DO BRASIL

As ajudas de Estado não são um fenômeno moderno nem um mecanismo reservado exclusivamente aos Estados intervencionistas. Quaisquer que sejam seus sistemas políticos ou econômicos, os Estados tendem a ajudar os agentes econômicos em maior ou menor grau, por meio de subvenções, empréstimos, isenções fiscais e outras medidas.

Na Europa, sobretudo após a Segunda Guerra Mundial, o intervencionismo estatal intensificou a utilização das ajudas de Estado pelos países europeus, que precisavam se reconstruir. As consequências catastróficas da guerra e o medo do retorno ao nacionalismo contribuíram para a criação da União Europeia no final dos anos 1950. Em 1987, o Ato Único Europeu levou à realização de um mercado comum, no qual alguns países europeus suprimiram barreiras à livre circulação de bens, serviços, capitais e pessoas, formando, assim, uma estrutura supranacional.

Desde a origem da criação do mercado comum, a ajuda de Estado é concebida como uma ameaça à implementação de um mercado concorrencial comunitário. A empresa que recebe uma ajuda proveniente de seu Estado obtém uma vantagem concorrencial perante os agentes econômicos situados em outros Estados membros que não obteria por seus próprios meios. Como explica Keppenne:[1] "a concorrência é falseada desde que a intervenção do Estado provoca uma modificação artificial de

1. KEPPENNE, Jean Paul. *Guide des aides d'État en droit communautaire:* réglementation, jurisprudence, et pratique de la Commission, Bruxelles, Bruylant, 1999, p. 120.

certos elementos do custo de produção da empresa beneficiária e reforça sua posição em face das outras empresas concorrentes".

A política econômica da União Europeia é guiada pelo liberalismo. A vontade de fazer triunfar sua estrutura e proteger o mercado interno reforçou a necessidade de manter uma concorrência sadia e equilibrada em nível comunitário. Para que esse objetivo pudesse ser atingido, todas as práticas suscetíveis de falsear a concorrência foram proibidas, incluindo as ajudas de Estado. Como observa Communier,[2] "os fundamentos neoliberais da construção comunitária e o estabelecimento de um mercado comum necessitaram de um controle das ajudas nacionais para evitar as distorções de concorrência". A criação de um sistema de controle dos auxílios estatais era, portanto, imperativa. Esse controle é feito pela Comissão Europeia, uma instituição independente dos governos dos Estados membros.

A alteração da concorrência provocada pela intervenção estatal será a mesma num sistema nacional ou supranacional. Por essa razão, no Capítulo 1 da primeira parte deste livro, identificaremos as semelhanças entre os sistemas jurídicos e econômicos da União Europeia e do Brasil, assim como a legislação de referência nas duas estruturas. No Capítulo 2, poderemos observar se os critérios de identificação de uma ajuda de Estado adotados pela Comissão podem ser aplicados ao Brasil, e comparar o sistema de controle das ajudas de Estado criado pela União Europeia com o sistema de controle concorrencial existente no Brasil.

Deve-se sublinhar que o objetivo deste estudo não é comparar dois sistemas supranacionais. Propusemo-nos a estudar os efeitos sobre a concorrência causados por uma ajuda de Estado concedida numa estrutura supranacional como a União Europeia, em contraste com uma estrutura nacional como o Brasil. Essa analogia é possível graças à identidade de princípios jurídicos e econômicos que regem ambas as estruturas.

---

2. COMMUNIER, Jean-Michel. *Le droit communautaire des aides d'État*, Paris, LGDJ, 2000, p. 6.

Capítulo 1

Os fundamentos econômicos e a identificação das ajudas de Estado na União Europeia e no Brasil

O exercício comparativo nos permitirá verificar que os princípios que levam a União Europeia a controlar as ajudas concedidas pelos Estados membros estão também presentes no Brasil (Seção 1). Veremos que as ajudas ofertadas pelos Estados europeus têm a mesma natureza das ajudas oferecidas pelo governo brasileiro, o que justificaria a implementação no Brasil de um sistema de controle das ajudas de Estado (Seção 2).

Seção 1 – As semelhanças entre o sistema supranacional da União Europeia e o sistema federal do Estado brasileiro

A União Europeia é uma associação econômica e política formada atualmente por 27[3] Estados membros que juntos constituem um sistema supranacional. Nessa estrutura, as funções executivas são divididas entre a Comissão Europeia e o Conselho Europeu. As funções legislativas são distribuídas entre o Parlamento Europeu e o Conselho da União Europeia, e a função judiciária é garantida pela Corte de Justiça.

3. Em ordem alfabética: Alemanha, Áustria, Bélgica, Bulgária, Chipre, Dinamarca, Eslováquia, Eslovênia, Espanha, Estônia, Finlândia, França, Grécia, Hungria, Irlanda, Itália, Letônia, Lituânia, Luxemburgo, Malta, Países Baixos, Polônia, Portugal, Reino Unido, República Tcheca, Romênia e Suécia.

O direito primário da União e das Comunidades Europeias é baseado nos tratados fundadores, que contêm a estrutura jurídica sobre a qual se apoiam as instituições comunitárias e os Estados membros para pôr em prática as políticas internas e comuns.[4] Como precisam Dubois e Blumann,[5] "o regime das aju-

4. Os principais tratados da União Europeia são os seguintes: 1) Tratado que institui a Comunidade Europeia do Carvão e do Aço (Tratado CECA ou Tratado de Paris), assinado em 18 de abril de 1951 em Paris por França, Alemanha, Itália e países do Benelux (Bélgica, Luxemburgo e Países Baixos), entrou em vigor em 24 de julho de 1952 e expirou em 23 de julho de 2002. Criou um mercado único do carvão e do aço; 2) Tratado que institui a Comunidade Econômica Europeia (Tratado CEE), assinado em 25 de março de 1957 em Roma por França, Alemanha, Itália e países do Benelux, entrou em vigor em 1.º de janeiro de 1958. Constitui o ato fundador do Mercado Comum Europeu e era conhecido como o Tratado que institui a Comunidade Europeia (Tratado CE) ou Tratado de Roma. Porém, após a entrada em vigor do Tratado de Lisboa, tornou-se o Tratado sobre o Funcionamento da União Europeia (ou Tratado TFUE); 3) Tratado da Comunidade Europeia de Energia Atômica (Tratado CEEA ou Euratom), assinado em 25 de março de 1957 em Roma pela França, Alemanha, Itália e países do Benelux, entrou em vigor em 14 de janeiro de 1958, visa ao crescimento da indústria nuclear europeia; 4) Ato Único Europeu (AUE), assinado em 17/28 de fevereiro de 1986 em Luxemburgo pelos 12 Estados membros, entrou em vigor em 1.º de julho de 1987. Revisou o Tratado de Roma para levar a termo a realização do mercado interno; 5) Tratado sobre a União Europeia (Tratado TUE ou Tratado UE), assinado em 7 de fevereiro de 1992 em Maastricht pelos 12 Estados membros, entrou em vigor em 1.º de novembro de 1993. Marca os três pilares da União Europeia (a Comunidade Europeia, a Política Estrangeira e de Segurança Comum (PESC) e a cooperação policial e judiciária em matéria penal), rebatizando a Comunidade Econômica Europeia (CEE) em Comunidade Europeia (CE); 6) Tratado de Lisboa, assinado em 13 de dezembro de 2007 pelos 27 Estados membros, entrou em vigor em 1.º de dezembro de 2009. Modificou o Tratado sobre a União Europeia e o Tratado que institui a Comunidade Europeia, mas sem substituí-los. Dá um novo título ao Tratado de Roma, passando a chamá-lo Tratado sobre o Funcionamento da União Europeia (TFUE).

5. DUBOIS, Louis; BLUMANN, Claude. *Droit matériel de l'Union Européenne*, 5. ed. Paris, Montchrestien, 2009, p. 567.

das de Estado encontra-se localizado no Tratado de Roma, entre as regras de concorrência, nos artigos 87 a 89 CE. É importante notar que o Tratado CECA se beneficiava de um regime particular, da mesma maneira que no quadro da Comunidade europeia, regras específicas aplicam-se em matéria de transportes ou agricultura. O Tratado de Lisboa traz pouca alteração no regime das ajudas de Estado. Os artigos 107-109 do TFUE reproduzem essencialmente as disposições atuais".

Enquanto os Estados membros conservam sua independência pelo lado político, pelo lado jurídico o *princípio do primado* impõe a superioridade do direito europeu sobre os direitos nacionais. Os Estados membros são proibidos de aplicar uma regra nacional contrária ao direito europeu, e a transposição das diretivas comunitárias aos direitos internos é obrigatória. Assim, os princípios que regem a União Europeia devem ser observados por todos os Estados membros.

À forma supranacional da União Europeia opõe-se a forma federal do Brasil. Como descrevem Storck, Cerqueira e Costa,[6] a Constituição Federal de 1988 define o Brasil como sendo uma República Federativa composta de quatro categorias de entidades federativas, a saber: a União Federal, os Estados membros, o Distrito Federal e os Municípios.[7] Os Estados membros são a base do federalismo; existem 26 no Brasil,[8] com dimensões físicas

6. STORCK, Michel; CERQUEIRA, Gustavo V. C.; COSTA, Thales M. *Les frontières entre liberté et interventionnisme en droit français et en droit brésilien*, Paris, L'Harmattan, 2010, p. 48-49.

7. Artigo 18 da Constituição Federal: "A organização político-administrativa da República Federativa do Brasil compreende a União, os Estados, o Distrito Federal e os Municípios, todos autônomos, nos termos desta Constituição".

8. Em ordem alfabética: Acre, Alagoas, Amapá, Amazonas, Bahia, Ceará, Espírito Santo, Goiás, Maranhão, Mato Grosso, Mato Grosso do Sul, Minas Gerais, Pará, Paraíba, Paraná, Pernambuco, Piauí, Rio de Janeiro, Rio

e demográficas bem diferentes. Citando Chantebout,[9] os autores relembram que "um Estado é dito federal quando as unidades territoriais que o compõem são dotadas, em matéria constitucional, legislativa e jurisdicional, de uma autonomia tal que merecem o nome de Estados, ainda que não tenham, em princípio, competência internacional. O Estado federal é, portanto, um Estado composto de vários outros estados, com os quais divide as competências que exerce em outro nível o Estado unitário [...]".

A forma política e econômica supranacional da União Europeia motivou os Estados membros a criar um quadro jurídico próprio para proteger a concorrência no mercado comum. As práticas anticompetitivas dos agentes econômicos são proibidas, tanto quanto as ações governamentais dos Estados membros suscetíveis de alterar ou falsear a concorrência comunitária. A intenção é preservar o princípio da livre-concorrência no mercado comum, evitando as distorções concorrenciais típicas, tais como o monopólio ou o abuso de posição dominante.

Se um Estado membro favorece uma empresa nacional oferecendo-lhe uma ajuda, ele confere a essa empresa uma vantagem que pode desequilibrar a concorrência do mercado comum e resultar no aumento de sua participação de mercado ou poder de mercado.[10] Por essa razão, os auxílios estatais são submetidos ao controle da Comissão, que verifica a legitimidade das ajudas e seus efeitos concorrenciais. O exame prévio e a autorização for-

---

Grande do Norte, Rio Grande do Sul, Rondônia, Roraima, Santa Catarina, São Paulo, Sergipe e Tocantins.

9. CHANTEBOUT, Bernard. *Droit constitutionnel*, 21. ed., Paris, Armand Colin, 2004, p. 56.

10. Na decisão Hoffmann-La Roche, de 13 de fevereiro de 1979 (caso 85-76), a Corte de Justiça afirmou que o poder de mercado pode resultar de vários fatores que, tomados isoladamente, não seriam necessariamente determinantes, mas dentre os quais a existência de *market share* é altamente significativa.

mal da Comissão para que a ajuda possa ser concedida são condições indispensáveis ao bom funcionamento do sistema concorrencial europeu.

O Brasil dispõe de uma legislação própria de defesa da concorrência, mas dirigida exclusivamente para o controle de concentrações econômicas e práticas anticompetitivas. Aqui a intenção também é resguardar o princípio da livre-concorrência no mercado interno, mas nenhum tipo de controle existe quanto às ajudas concedidas pelo Estado brasileiro. Da mesma maneira que ocorre no sistema supranacional da União Europeia, as ajudas de Estado brasileiras são capazes de modificar artificialmente a concorrência interna, uma vez que favorecem os agentes econômicos beneficiários em detrimento de outros competidores nacionais. As similitudes entre os dois sistemas permitem-nos fazer um estudo comparativo.

§ 1 – Os princípios jurídicos e econômicos comuns que regem a União Europeia e o Brasil

A – A União Europeia e o Brasil regidos pelas regras da economia de mercado

Em uma economia de mercado, a produção de bens e serviços é gerada pela iniciativa privada, e a maioria dos meios de produção está sob o controle do setor privado. A economia de mercado é adotada pelos países capitalistas, onde a intervenção estatal é reduzida ao mínimo necessário para garantir o bom funcionamento do mercado por meio da regulação, da fiscalização e da correção das falhas de mercado. O contrário são as economias planificadas (ou economias de Estado), onde a produção econômica é dirigida pelo Estado.[11] A maioria dos países do mundo

11. Segundo os economistas, existem ainda sistemas econômicos mistos que visam à harmonização entre os setores privado e público, onde o Estado

adota a economia de mercado como sistema econômico, salvo raras exceções.

Na União Europeia e no Brasil, a economia de mercado é submetida às disposições internacionais, como as da Organização Mundial do Comércio (OMC). Na Europa, a opção por uma economia de mercado baseada na livre-concorrência foi expressamente consagrada nos tratados que criaram a União Europeia e no acordo sobre o Espaço Econômico Europeu (EEE).[12] O Tratado de Lisboa estabelece que a União Europeia é fundada sobre "uma economia social de mercado altamente competitiva".[13]

Segundo Decocq e Decocq,[14] a fórmula do artigo 119 do TFUE, que prevê que a política econômica da União Europeia será conduzida em respeito ao "princípio de uma economia de mercado onde a concorrência é livre", é redundante, porque a "livre concorrência é o fundamento da economia de mercado: ela está na norma fundamental que traz consigo três princípios: a propriedade privada, a liberdade contratual e o respeito aos con-

---

assume o papel social de redistribuição da riqueza, além da supervisão, regulação e correção das falhas de mercado.

12. O acordo sobre o Espaço Econômico Europeu (EEE), assinado em 2 de maio de 1992, une os Estados membros da União Europeia aos Estados membros da Associação Europeia de Livre Comércio, que são Islândia, Liechtenstein, Noruega e Suíça. O preâmbulo do acordo EEE prevê o objetivo de "estabelecer um espaço econômico europeu dinâmico e homogêneo fundado sobre regras comuns e condições de concorrência iguais".

13. O artigo 2, alinea 3, do Tratado de Lisboa prevê que: "A União estabelece um mercado interno. Ela trabalha pelo desenvolvimento durável da Europa, fundado sobre um crescimento econômico equilibrado e sobre a estabilidade de preços, *uma economia social de mercado altamente competitiva*, que tende ao pleno emprego e ao progresso social e um nível elevado de proteção e melhoria da qualidade do meio ambiente. Ela promove o progresso científico e técnico".

14. DECOCQ, André; DECOCQ, Georges, *Droit de la concurrence, droit interne et droit de l'Union Européenne*, 4. ed., Paris, LGDJ, 2010, p. 20-32.

tratos". A economia de mercado pressupõe a livre concorrência. São conceitos interconectados.

O Brasil também adotou a economia de mercado fundada na livre-iniciativa. A opção por esse regime econômico foi confirmada em 1988 por ocasião da promulgação da Constituição Federal, a lei fundamental do País.[15] Manoel Gonçalves Ferreira Filho[16] observa que "ao Estado cabe na ordem econômica posição secundária, embora importante, já que sua ação deve reger-se pelo chamado 'princípio da subsidiariedade' e deve ser tal que 'não reprima a liberdade de iniciativa particular, mas antes a aumente, para a garantia e proteção dos direitos essenciais de cada indivíduo'. O princípio da livre iniciativa reclama a livre concorrência". Assim, tanto o sistema supranacional da União Europeia como o sistema nacional do Brasil são regidos pelas regras da economia de mercado, e adotam os princípios da livre-iniciativa e livre-concorrência como fundamento para seus regimes jurídicos e econômicos.

B – A adoção do princípio da livre concorrência como fundamento do mercado único europeu e da atividade econômica brasileira

No direito comunitário o princípio da livre-concorrência existe desde a criação da União Europeia e permanece como um dos mais importantes pilares da economia da Europa, ao lado de outras liberdades econômicas.[17] Esse princípio possui destinação

15. Artigo 1.º da Constituição brasileira: "A República Federativa do Brasil, formada pela união indissolúvel dos Estados e Municípios e do Distrito Federal, constitui-se em Estado Democrático de Direito e tem como fundamentos: [...] IV – os valores sociais do trabalho e da livre iniciativa".

16. FERREIRA FILHO, Manoel Gonçalves. *Curso de direito constitucional*, 18. ed., São Paulo, Saraiva, 1990, p. 301.

17. No direito comunitário, a liberdade de estabelecimento e de livre prestação de serviços são as duas liberdades econômicas que mais se aproximam da liberdade de empreender e da liberdade do comércio e indústria no di-

e finalidade específicas: ele se aplica a um mercado composto de agentes econômicos e visa à proteção da concorrência. Nicinski[18] detalha essa especificidade, indicando que: "a livre-concorrência se distingue de outras liberdades econômicas porque não possui uma vocação geral e não cobre todos os aspectos da vida econômica. Ela visa somente ao respeito a uma sadia, livre, igual e leal concorrência". Trata-se, portanto, de uma liberdade de vocação particular que se aprecia horizontalmente, sobre todos os agentes econômicos de um mercado.

Dubois e Blumann[19] observam que: "O princípio de liberdade figura nos tratados desde a sua origem. O mercado comum que o Tratado CEE visa implementar, repousa, antes de tudo, na livre circulação de mercadorias, trabalhadores, serviços e capital, na liberdade de estabelecimento assim como na livre-concorrência entre as empresas. O mercado interno ao qual se refere o artigo 4 § 1 do Tratado CE é definido como aquele de uma economia de mercado aberta onde a concorrência é livre".

No Brasil, a Constituição de 1988 enuncia como fundamento da República Federativa do Brasil o valor social da livre-iniciativa (artigo 1.º, IV). A Constituição afirma que a ordem econômica deve ser fundada sobre a livre-iniciativa (artigo 170, *caput*) e que a livre-concorrência é um dos princípios da or-

---

reito francês. As outras liberdades são exclusivas do direito comunitário, como a livre circulação de capitais, mercadorias e pessoas. Nesse sentido, Nicinski observa que a livre concorrência não está no mesmo nível das outras liberdades econômicas. A livre concorrência seria complementar, e às vezes oposta à liberdade do comércio e da indústria. Enquanto a primeira visa à proteção do mercado, a segunda se destina a preservar os direitos individuais de alguns agentes econômicos. NICINSKI, Sophie, *Droit public des affaires*, 2. ed., Paris, Montchrestien, 2a. edição, 2010, p. p. 54-55.

18. Op. cit., p. 47.

19. DUBOIS, Louis; BLUMANN, Claude. *Droit matériel de l'Union Européenne*, cit., p. 10.

dem econômica (artigo 170, IV). Assim, a livre-concorrência figura expressamente na Constituição Federal como um princípio impositivo: "Artigo 170. A ordem econômica, fundada na valorização do trabalho humano e na livre iniciativa, tem por fim assegurar a todos existência digna, conforme os ditames da justiça social, observados os seguintes princípios: [...] IV – livre concorrência".

Eros Grau[20] nota que a afirmação do princípio da livre-concorrência no texto constitucional brasileiro é curiosa. De um lado, porque a concorrência livre apenas poderia manifestar-se em condições de mercado sem a presença do fenômeno do poder de mercado. Contudo, o poder de mercado é inevitável e previsto na própria Constituição.[21] De outro lado, a livre-concorrência no sentido do *livre jogo das forças de mercado pela disputa da clientela* supõe desigualdade ao final da competição, num quadro de igualdade jurídico-formal. O autor esclarece que o princípio da livre-concorrência não se opõe ao princípio de repressão ao abuso de poder de mercado, porque este está contido naquele. Citando Proudhon (*a concorrência elimina a concorrência*), ele conclui que a livre-concorrência significa liberdade de concorrência, desdobrada em liberdades privadas e liberdades públicas.

Tercio Sampaio Ferraz Júnior[22] acrescenta que a livre concorrência é um direito fundamental de concorrer, de atuar

---

20. GRAU, Eros Roberto, *A ordem econômica na Constituição de 1988*, 14. ed., São Paulo, Malheiros, 2010, p. 210.

21. Artigo 173, § 4.º, da Constituição Federal de 1988: "A lei reprimirá o abuso do poder econômico que vise à dominação dos mercados, à eliminação da concorrência e ao aumento arbitrário dos lucros".

22. FERRAZ JÚNIOR, Tercio Sampaio. Práticas tributárias e abuso de poder econômico, *Revista de Direito da Concorrência*, n. 9, p. 125, jan-mar. 2006.

criativamente no jogo do mercado livre. Para o autor,[23] é a competitividade que define a livre-concorrência. Do ponto de vista político, a livre-concorrência é a garantia de oportunidades iguais para todos os agentes econômicos, ou seja, uma forma de desconcentração de poder. Do ponto de vista social, a competitividade deve gerar extratos intermediários entre grandes e pequenos agentes econômicos, como garantia de uma sociedade mais equilibrada.

Segundo Calixto Salomão Filho,[24] a livre-concorrência preocupa-se com a igualdade de condições mínimas de concorrência ou, mais precisamente, com as liberdades de acesso e permanência no mercado. A consequência direta desse conceito, presente na Constituição e na Lei de Defesa da Concorrência, é a preocupação com as estruturas ou as práticas que podem limitar ou falsear a igualdade de condições mínimas de liberdade de acesso e permanência no mercado.[25] A liberdade de acesso ao mercado está assegurada também pela proteção à livre-iniciativa, prevista em nível constitucional (artigo 170, parágrafo único) e legal (artigo 1.º da Lei 12.529/2011).

Como vimos, a União Europeia e o Brasil adotam uma economia de mercado fundada no princípio da livre-concorrência. A seguir poderemos observar que a heterogeneidade do mercado supranacional europeu e do mercado nacional brasileiro justifica o recurso às ajudas de Estado, e que seus efeitos sobre a concorrência justificam o controle dessas medidas.

---

23. FERRAZ JÚNIOR, Tercio Sampaio. A economia e o controle do Estado, *O Estado de S.Paulo*, de 4 de junho de 1989.

24. SALOMÃO FILHO, Calixto, *Direito concorrencial*: as estruturas, São Paulo, Malheiros, 1998, p. 32.

25. O autor acrescenta que a existência de barreiras (naturais ou artificiais) à entrada de concorrentes limita a liberdade de acesso ao mercado, e que as práticas predatórias que tendem a excluir artificialmente os participantes do mercado falseiam a liberdade de permanência no mercado.

§ 2 – Características de mercado similares entre a União Europeia e o Brasil

A – A heterogeneidade do mercado supranacional europeu e do mercado nacional brasileiro: o desequilíbrio interno e as falhas de mercado que justificam as ajudas de Estado

Em uma economia de mercado que tem por princípio a livre-concorrência, é necessário corrigir as falhas de mercado, tais como o poder de mercado, o monopólio ou o monopsônio. Quando os mecanismos de mercado não são regulados pelo Estado e funcionam livremente, eles podem dar origem a resultados econômicos não eficientes ou não desejáveis do ponto de vista social, como a assimetria de informação, o aumento dos custos de transação ou as externalidades.

Os 27 Estados membros da União Europeia não estão em pé de igualdade econômica ou social. Esse contraste é um desafio para o desenvolvimento e a integração da União Europeia, e as falhas do mercado comum reforçam o desequilíbrio interno. Em 2007, o estudo feito pelo Departamento Temático de Políticas Estruturais e de Coesão[26] a pedido do Parlamento Europeu, concluiu que: "A comparação do nível de desenvolvimento econômico regional com a média européia, revela um desequilíbrio territorial maior entre as regiões da UE-15 e aquelas dos novos Estados membros (da região leste-oeste). [...] Importantes desequilíbrios territoriais existem entre as zonas metropolitanas e as regiões vizinhas, o que faz ressaltar a forte polarização do território europeu. A análise das disparidades regionais por meio de outros indicadores além daqueles puramente econômicos destaca a repartição espacial instável das regiões 'retardatárias'".

---

26. O estudo é entitulado "As disparidades regionais e a coesão: quais estratégias para o futuro?", disponível em: <www.europarl.europa.eu>.

A dissonância do desenvolvimento econômico dos Estados membros é um desafio constante para o progresso homogêneo da União Europeia. O nível de igualdade econômica, política e social desejado pelos tratados ainda não foi atingido, mas a Comissão, em sua esfera de competência, vela sobre as necessidades da União Europeia e trabalha para a redução das disparidades internas. Em 2010, a Comissão lançou o Ato pelo mercado único,[27] no qual apresenta 50 propostas "visando superar a fragmentação persistente da União Européia".

A Comissão notou que "a fragmentação do mercado único é frequentemente alegada pelas empresas como uma desvantagem à sua competitividade. A diversidade de regulamentações nacionais constitui de fato uma carga considerável para as empresas, retarda os investimentos, limita as economias de escala e as sinergias e introduz barreiras à entrada nos mercados". Essa fragmentação ou heterogeneidade do mercado comum é também empregada como justificativa para a adoção de ajudas de Estado com o propósito de corrigir as falhas dos mercados nacionais, porém em detrimento do mercado único.

Nesse contexto, o sistema de controle das ajudas de Estado impõe-se para manter o equilíbrio concorrencial interno do mercado europeu. Segundo a Comissão, "a política das ajudas de Estado pode contribuir para essa evolução positiva [a coesão e a redução das disparidades entre as regiões europeias], impedindo uma corrida nociva às subvenções entre regiões e suscitando medidas capazes de favorecer o crescimento e o emprego, tanto nas regiões menos desenvolvidas quanto nas demais".[28]

O contraste econômico entre os Municípios, os Estados e as regiões brasileiros é um argumento frequentemente utilizado pelos governos locais para justificar as ajudas de Estado concedidas

27. Disponível em: <www.eur-lex.europa.eu>.

28. Plano de ação de 2005 da Comissão.

às empresas locais. A estratégia de atrair grandes indústrias para certas regiões por meio de reduções de impostos provocou uma verdadeira guerra fiscal entre os Estados, com impactos concorrenciais significativos, como veremos no Capítulo 2 da primeira parte deste livro. O papel do Estado brasileiro como promotor do crescimento e do desenvolvimento econômico e social é crucial, mas não pode favorecer a criação de setores privilegiados ou de grandes empresas em detrimento da concorrência. Como nos lembra Tercio Sampaio Ferraz Júnior,[29] "o Estado, como agente normativo e regulador, atua em nome do interesse comum, nunca em nome de interesses privados, e ao fazê-lo, deve guardar a imparcialidade própria do interesse comum".

B – Os efeitos análogos das ajudas de Estado sobre a concorrência dos mercados nacional e supranacional

O sistema de controle dos auxílios estatais instituído pela União Europeia tem por objetivo evitar que os Estados *falseiem ou ameacem falsear a concorrência* no mercado interno ou *afetem o comércio entre os Estados membros* por meio de ajudas que eles concedam ou proponham-se a conceder às empresas. O artigo 107 do TFUE[30] impõe como regra geral que todas as ajudas que ameaçam a concorrência do mercado interno são incompatíveis com o direito comunitário e, por conseguinte, proibidas.

---

29. FERRAZ JÚNIOR, Tercio Sampaio. Princípio da neutralidade concorrencial do Estado, in: RIBEIRO, Lauro Luiz Gomes; BERARDI, Luciana Andrea Accorsi. *Estudos de direito constitucional em homenagem à Professora Maria Garcia*, São Paulo, IOB Thomsom, 2007, p. 494.

30. O artigo 107 do TFUE prevê que: "Salvo derrogações previstas pelos tratados, são incompatíveis com o mercado interno, na medida em que elas afetem o comércio entre os Estados membros, as ajudas acordadas pelos Estados ou por meio de recursos do Estado, sob qualquer forma que seja, que falseiem ou que ameacem falsear a concorrência, favorecendo certas empresas ou certas produções".

Os efeitos das ajudas de Estado sobre a concorrência em um mercado nacional ou supranacional são essencialmente os mesmos. Os auxílios conferem sempre uma vantagem à empresa beneficiária em detrimento de seus concorrentes que pode ser efetiva ou potencial. "Para que haja ameaça à concorrência é necessário que a empresa beneficiária possua concorrentes e que a ajuda da qual ela se beneficia seja discriminatória em detrimento a eles."[31]

A discriminação provocada pelas ajudas pressupõe que a empresa beneficiária vai receber por parte do Estado um tratamento diferente (mais favorável) daquele dado aos concorrentes que se encontram em condições semelhantes. Uma ajuda de Estado apresenta necessariamente um caráter seletivo, porque a ameaça à concorrência exige uma diferença de tratamento e uma similitude de condições entre a empresa beneficiária e seus concorrentes. A ausência de tratamento diferenciado não implicará ameaça à concorrência. Como sublinha Dony:[32] "A distorção da concorrência aparece como uma consequência constante e necessária de uma vantagem concedida, de maneira seletiva, a certas empresas ou produções". Baseado na decisão Philip Morris,[33] o autor observa que "podemos presumir que toda ajuda falseia ou ameaça falsear a concorrência, a menos que existam circunstâncias excepcionais, como a ausência total no mercado de produtos idênticos ou substitutos àqueles fabricados pelo beneficiário da ajuda".

Se para o direito comunitário os efeitos nocivos das ajudas estão ligados à noção de discriminação e seletividade, no Brasil

---

31. DECOCQ, André; DECOCQ, Georges. *Droit de la concurrence, droit interne et droit de l'Union Européenne*, cit, p. 528.

32. DONY, Marianne. *Contrôle des aides d'État*, 3. ed., Bruxelles, Institut d'Études Européennes, 2007, p. 71.

33. CJCE, 17 de setembro de 1980, *Philip Morris Holland BV c/ Commission*, C-730/79.

encontramos as mesmas referências. "No setor privado, várias empresas se beneficiaram da colaboração do BNDES. Os critérios de seleção não foram estabelecidos com base em uma relação particular com a empresa, mas considerando os setores ou projetos que tinham, como pré-requisito, a necessidade para o acionista de oferecer garantias e capitais próprios aos investimentos antes de serem realizados. Para a seleção das empresas, uma atenção particular foi igualmente dada à capacidade de reembolso, e para aquelas que apresentavam um risco de insolvabilidade, exigiam-se garantias reais."[34]

A seleção de tal setor ou tal empresa como beneficiário de um auxílio estatal e a discriminação concorrencial que disso resulta, motivou a União Europeia a criar um ordenamento jurídico próprio para controlar as ajudas de Estado. Na próxima seção, estudaremos as legislações concorrenciais da União Europeia e do Brasil com o propósito de sugerir a adoção para o Brasil de um ordenamento jurídico semelhante ao europeu.

Seção 2 – A legislação aplicável às ajudas de Estado na União Europeia e os limites da legislação brasileira de defesa da concorrência

Na União Europeia, o controle concorrencial é feito em três níveis: concentrações econômicas, práticas anticompetitivas e ajudas de Estado. O Brasil, entretanto, limita-se a controlar as concentrações econômicas e as práticas anticompetitivas, uma vez que não existe um sistema de controle dos auxílios concedidos pelo Estado brasileiro.

---

34. SARAVIA, Enrique Jerónimo. *L'entreprise publique comme instrument des politiques publiques:* le cas de la Banque nationale de développement économique et social du Brésil, Paris, Université de Paris 1, 2005, p. 283.

O ordenamento jurídico europeu está apoiado em um direito vinculativo (*hard law*) e em um direito não vinculativo (*soft law*). O direito vinculativo emana dos tratados, regulamentações e diretivas comunitárias, e o direito não vinculativo provém da Comissão e é formado sobretudo pelas recomendações e comunicações. A transformação da *soft law* em *hard law* é um mecanismo cada vez mais frequente na legislação da União Europeia. O TFUE contém disposições fundamentais sobre as ajudas de Estado, e seu campo de aplicação é bem delimitado. Em paralelo à *hard law*, a Comissão utiliza a *soft law* para acelerar os procedimentos, ser homogênea em suas decisões e garantir um mínimo de segurança jurídica aos Estados membros e aos agentes econômicos.

A comparação entre as legislações concorrenciais da Europa e do Brasil nos permitirá verificar se o Brasil é capaz de adicionar ao ordenamento jurídico atual um terceiro sistema de controle (das ajudas de Estado) além daqueles voltados às concentrações econômicas e práticas anticompetitivas. Primeiramente estudaremos o campo de aplicação do TFUE e da Lei de Defesa da Concorrência brasileira (Lei 8.884/1994), para verificar suas diferenças e semelhanças. Em seguida, veremos a importância da *soft law* na Europa e no Brasil e como a lei concorrencial é aplicada à administração pública nos dois ordenamentos jurídicos.

§ 1 – O quadro jurídico do controle das ajudas de Estado na União Europeia: *hard law* e *soft law*

A – O campo de aplicação do Tratado sobre o Funcionamento da União Europeia (TFUE) em matéria de ajudas de Estado: ratione personae, ratione materiae, ratione loci, ratione temporis

No campo de aplicação *ratione personae*, as regras do TFUE aplicam-se a todas as empresas que ofertam bens ou serviços no mercado. A jurisprudência da Corte de Justiça das Comunidades

Europeias (CJCE) estabelece que "a noção de empresa compreende toda a entidade que exerce uma atividade econômica, independentemente do *status* jurídico dessa entidade e seu modo de financiamento".[35] A Corte fixou a definição de *atividade econômica*, como "toda atividade que consiste em ofertar bens ou serviços sobre um dado mercado",[36] com fins lucrativos ou não.[37]

A jurisprudência europeia delimitou mais precisamente a incidência das disposições do TFUE *ratione personae*. As prerrogativas do poder público[38] não são de natureza econômica, e seus titulares não são empresas no sentido do tratado.[39] Nesse contexto, o Estado pode agir diretamente por meio de um órgão da administração ou de uma entidade distinta daquela à qual conferiu direitos especiais ou exclusivos.[40] A Corte indicou, por exemplo, um conjunto de critérios segundo os quais certas atividades puramente sociais puderam ser consideradas como não econômicas.[41]

---

35. CJCE, 23 de abril de 1991, *Höffner et Elser*, C 41/90.
36. CJCE, 18 de junho de 1998, *Commission c/ Italie*, C-35/96.
37. Na decisão FFSA, a Corte confirma que: "o fato de que a CCMSA não visa um fim lucrativo, não retira da atividade que ela exerce a sua natureza econômica, uma vez que, considerando as características destacadas no item 17, ela pode gerar comportamentos que as regras de concorrência visam reprimir". CJCE, 16 de novembro de 1995, *FFSA e.a.*, C-244/94.
38. São exemplos de atividades não econômicas oriundas das prerrogativas de poder público aquelas ligadas à segurança do Estado, como por exemplo as atividades de polícia, exército, espaço aéreo, controle marítimo etc.
39. CJCE, 19 de janeiro de 1994, *SAT Fluggesellschaft c/ Eurocontrol*, C-264/92: "Tomadas em seu conjunto, as atividades da Eurocontrol, por sua natureza, por seu objeto e pelas regras às quais estão submetidas, associam-se ao exercício das prerrogativas de controle e de polícia do espaço aéreo, que são tipicamente prerrogativas do poder público e não apresentam caráter econômico".
40. CJCE, 16 de junho de 1987, *Commission c/ République italienne*, 118/85.
41. Por exemplo, a gestão de regimes de seguro obrigatório que persegue um objetivo exclusivamente social, funcionando sob o princípio de solidariedade e oferecendo prestações de seguro independentes das cotizações,

Sob o aspecto *ratione materiae*, as regras do TFUE sobre as ajudas de Estado devem se coordenar com as regras dos outros tratados ou do direito derivado em matéria de concorrência. Em direito primário, o Tratado da Comunidade Europeia de Energia Atômica (Tratado CEEA ou Euratom) prevalece sobre o TFUE, embora ele não contenha dispositivos específicos sobre ajudas de Estado.[42] A mesma supremacia se aplicava ao Tratado instituindo a Comunidade Europeia do Carvão e do Aço (Tratado CECA), mas com o término do Tratado CECA em 2002 as disposições das ajudas de Estado deixaram de existir. O TFUE se harmoniza com as regras específicas de outros setores, como agricultura, transporte e defesa.[43] É necessário notar que a interação do TFUE

---

não é uma atividade econômica (CJCE, 17 de fevereiro de 1993, *Poucet et Pistre*, C-159/91 et C-160/91. Nessa decisão, a Corte afirmou que: "os órgãos que participam da gestão do serviço público de seguro social preenchem uma função de caráter exclusivamente social. [...] Decorre daí que essa atividade não é uma atividade econômica e que os órgão responsáveis por ela não constituem empresas no sentido dos artigos 85 e 86 do tratado". Ver também CJCE, 22 de janeiro de 2002, *INAIL*, C-218/00, CJCE 16 de março de 2004, *AOK Bundesverband*, C-264/01, C-306/01, C-354/01 et C-355/01). Do mesmo modo, os serviços de ensino público, financiados pelo orçamento público, e aqueles que cumprem uma tarefa do Estado para com a população nos domínios social, cultural e educativo, não são uma atividade econômica (CJCE, 27 de setembro de 1988, *Humbel*, 263/86; CJCE, 11 de setembro de 2007, *Commission c/Allemagne*, C-318/05).

42. O artigo 305 do Tratado de Roma dispõe sobre a prevalência dos tratados CEEA e CECA sobre o Tratado de Roma, seguindo o princípio segundo o qual a lei especial derroga a lei geral. Contudo, a ausência de dispositivos específicos sobre as ajudas de Estado no Tratado Euratom suscitou vivas discussões em 2004 sobre qual tratado seria aplicável nesta matéria no setor de energia nuclear. O debate entre o comissário encarregado pela concorrência e o comissário encarregado pela energia, provocou uma decisão do Colégio de comissários delimitando as questões tarifárias e de concorrência às respectivas autoridades.

43. No campo da agricultura, o princípio previsto no artigo 42 do TFUE é a superioridade da Política Agrícola Comum (PAC) sobre as disposições do

com o direito comunitário da concorrência estabelece como regra fundamental a incompatibilidade automática de uma ajuda de Estado que viola uma outra disposição do direito da concorrência, como, por exemplo, os cartéis ou abusos de posição dominante.[44]

Da perspectiva *ratione loci*, o Tratado sobre o Espaço Econômico Europeu (Tratado EEE, assinado em 2 de maio de 1992) prevê que as regras de concorrência e das ajudas de Estado aplicam-se ao conjunto dos países do Espaço Econômico Europeu.[45]

Da ótica *ratione temporis*, o artigo 108 do TFUE aplica-se tanto às ajudas existentes quanto às ajudas novas. O Regulamento (CE) 659/1999 do Conselho distingue essas duas categorias: uma ajuda é chamada existente quando "ela não constituía uma ajuda no momento em que entrou em vigor, mas tornou-se uma ajuda em razão da evolução do mercado comum, sem ter sido modificada pelo Estado membro". Por exclusão, uma ajuda nova é "toda ajuda, ou seja, todo o regime de ajudas ou toda a ajuda individual, que não é uma ajuda existente, incluindo toda a modificação de uma ajuda existente". A diferenciação é importante para determinar o procedimento de controle que será adotado.

---

tratado, especialmente sobre as regras comunitárias de concorrência. Para o setor de transportes, o TFUE distingue de um lado os transportes aéreo e marítimo (aos quais se aplicam os artigos 107 à 109) e, de outro lado, os transportes ferroviário, terrestre e por vias navegáveis (aos quais se aplicam os artigos específicos 90 a 100). Em matéria de defesa, os artigos 346 a 348 saem do campo de aplicação do TFUE e das regras de concorrência, e, por conseguinte, as ajudas de Estado podem ser concedidas pela esfera militar, sem nenhum procedimento comunitário.

44. CJCE, 6 de junho de 1993, *Matra c/ Commission*, C-225/91.

45. CJCE, 21 de março de 1990, *Belgique/Commission*, C-142/87.

B – A importância e as vantagens da soft law: *uma regulamentação mais dinâmica e flexível*

Para controlar as ajudas de Estado, a União Europeia dispõe de um conjunto de instrumentos jurídicos impositivos, como tratados, regulamentações e diretivas, chamadas *hard law*, e de múltiplas recomendações, opiniões, comunicações, avisos ou notificações emitidas pela Comissão Europeia, que formam a *soft law*. Contrariamente à *hard law*, as regras de *soft law* são desprovidas de caráter obrigatório em termos jurídicos, mas não de efeitos.[46]

A *soft law* não pode afastar-se da *hard law* nem da jurisprudência, pois a Corte a considera uma parte integrante do corpo de normas europeias a serem aplicadas. As recomendações da Comissão são mencionadas nos julgamentos. A *soft law* pode descrever o quadro jurídico no qual uma decisão está inserida, sustentar um argumento, ou aparecer em notas explicativas. A evolução da *soft law* é o resultado de uma resposta às necessidades surgidas no curso da aplicação de normas em casos concretos e apresenta muitas vantagens. O recurso à *soft law* explica-se por sua grande flexibilidade: ela pode ser rapidamente adotada e modificada pela Comissão, encoraja a agilidade e adapta-se às variações nas preferências regulamentares.[47]

A *soft law* dá segurança jurídica aos Estados membros e aos agentes econômicos, que passam a saber como a Comissão interpreta a legislação aplicável e como ela "codifica" sua própria prática, de modo a permitir a antecipação de suas decisões.[48] "Exceto

46. STEFAN, Oleana. Impact du soft law sur les tribunaux, *La lettre recherche@ hec*, out.-nov. 2010, p. vi e vii.

47. Idem, ibidem.

48. No campo das ajudas públicas, a *soft law* é um instrumento importante para as ajudas concedidas às empresas em dificuldade, as ajudas regionais, asajudas às Pequenas e Médias Empresas (PME), bem como os relatórios anuais sobre a política de concorrência publicados pela Comissão. As co-

por essa renovação da *hard law*, as comunicações e orientações foram perpetuadas para permitir aos Estados, sempre em campos bem específicos, conhecer as condições de autorização das ajudas, o que representa um ganho de tempo precioso para os Estados que, por fim, só precisam reproduzir em seus regimes aquilo que a própria Comissão descreveu em abstrato."[49] A *soft law* também permite que a Comissão se justifique perante as jurisdições comunitárias, mostrando uma prática não discriminatória, coerente e fundada sobre raciocínios homogêneos e relativamente estáveis no tempo.

A jurisprudência comunitária confirmou a missão e o poder discricionário da Comissão, reafirmando que ela desfruta de um grande poder de apreciação em matéria de ajudas de Estado. A Corte limita-se a examinar se a Comissão eventualmente ultrapassou seu poder de apreciação, na hipótese de erro manifesto de desvio de poder. "O recurso à *soft law* garante o papel da Comissão: ela possui uma notável liberdade de manobra em campos onde desfruta de um poder de decisão que lhe permite apreciar fortemente as escolhas econômicas e sociais dos Estados membros. De maneira mais global, a utilização da *soft law* em matéria de ajudas de Estado e de política de coesão apresenta interesses não negligenciáveis para que os Estados antecipem a reação comunitária, levando-a em consideração quando da elaboração de seus programas."[50]

No Brasil, a Lei 12.529/2011 passou a ser a legislação de referência para o direito da concorrência, substituindo a Lei

---

municações permanecem, de modo geral, como recomendações, mas a *soft law* pode preceder a adoção de normas jurídicas. Às vezes ela se "enrijece", como foi o caso, por exemplo, da comunicação sobre as ajudas *de minimis* (*soft law*) que se tornaram o Regulamento 1998/2006 da Comissão, de 15 de dezembro de 2006 (*hard law*).

49. RUBIO, Nathalie. Les instruments de *soft law* dans les politiques communautaires, *Revue Trimestrielle de Droit Européen*, n. 4, p. 597, 2007.

50. CJCE, 14 de abril de 2005, *Royaume de Belgique c/ Commission*, C-110/03.

8.884/1994, que vigorou de junho de 1994 até maio de 2012. Três autoridades formavam anteriormente o Sistema Brasileiro de Defesa da Concorrência (SBDC): 1) o Conselho Administrativo de Defesa Econômica (CADE), responsável pelo julgamento de atos de concentração e condutas anticompetitivas; 2) a Secretaria de Direito Econômico (SDE), ligada ao Ministério da Justiça, e responsável pela análise jurídica das concentrações econômicas e pela condução das investigações de práticas anticoncorrenciais; 3) a Secretaria de Acompanhamento Econômico (SEAE), ligada ao Ministério da Fazenda, e responsável pela análise econômica dos casos.

A Lei 12.529/2011 modificou a estrutura do Sistema Brasileiro de Defesa da Concorrência, que passou a contar com duas autoridades: 1) o CADE, formado por um Tribunal administrativo de defesa da concorrência, uma Superintendência-Geral e um Departamento de Estudos Econômicos; 2) a SEAE, que passou a ter uma função mais consultiva.

As autoridades concorrenciais brasileiras nunca utilizaram a *soft law* como a Comissão Europeia. Elas produzem regulamentações infralegais que possuem caráter obrigatório, aproximando-se mais do que seriam os *actes règlementaires* do direito francês. Como o processo legislativo no Brasil é lento e complexo, as autoridades servem-se desses instrumentos normativos mais flexíveis para modificar a lei concorrencial ou instituir procedimentos novos. Em geral, as resoluções e portarias são submetidas a consulta pública antes de entrarem em vigor. E são uma ferramenta cada vez mais utilizada pelas autoridades em razão das exigências de modernização do sistema concorrencial brasileiro. Contudo, em razão do princípio da hierarquia das leis, a lei concorrencial sempre prevalecerá em caso de eventual conflito.

A experiência positiva da Comissão com a adoção da *soft law* poderia servir de referência às autoridades brasileiras para que adotem e ampliem a sua utilização, sobretudo no que concerne à interpretação da legislação aplicável e à melhoria da transparência e da comunicação com os administrados. A *soft law* pode contribuir para a implementação de um novo sistema de controle concorrencial, caso o Brasil venha a adotar uma legislação sobre as ajudas de Estado semelhante à europeia.

§ 2 – Os dispositivos da Lei de Defesa da Concorrência brasileira (Lei 12.529/2011)

A – O campo de aplicação da Lei 12.529/2011: ratione personae, ratione materiae, ratione loci, ratione temporis

A Lei 12.529/2011 é a lei fundamental do direito da concorrência brasileiro. No campo de aplicação *ratione personae*, dirige-se a todos os agentes econômicos, nacionais ou estrangeiros, que se situam no território nacional.[51] O artigo 31 prevê que a Lei 12.529/2011 aplica-se "às pessoas físicas ou jurídicas de direito público ou privado, bem como a quaisquer associações de entidades ou pessoas, constituídas de fato ou de direito, ainda que temporariamente, com ou sem personalidade jurídica, mesmo que exerçam atividade sob regime de monopólio legal".

Ainda do ponto de vista *ratione personae*, a lei concorrencial brasileira aproxima-se do direito comunitário, pois a empresa também é considerada como toda entidade que exerce uma atividade econômica. Entretanto, em comparação com o direito europeu, podemos dizer que a noção brasileira de agente econômico é mais específica no que concerne à pessoa física. A SEAE definia agente econômico como "qualquer pessoa física ou jurídica (em-

---

51. Lei 12.529/2011, artigo 2.º: "Aplica-se esta Lei, sem prejuízo de convenções e tratados de que seja signatário o Brasil, às práticas cometidas no todo ou em parte no território nacional ou que nele produzam ou possam produzir efeitos. § 1.º Reputa-se domiciliada no território nacional a empresa estrangeira que opere ou tenha no Brasil filial, agência, sucursal, escritório, estabelecimento, agente ou representante".

presa privada ou pública, com fins lucrativos ou não, indústria, comércio, profissional liberal etc.) que participa, independentemente, como sujeito ativo na atividade econômica".[52] A jurisprudência concorrencial brasileira, porém, ainda não delimitou com precisão a diferença entre as atividades de natureza econômica e não econômica provenientes de atos de prerrogativa do poder público. Sobre esse ponto, a jurisprudência europeia está bem mais desenvolvida.

A propósito do campo de aplicação *ratione materiae*, a Lei 12.529/2011 está subordinada à Constituição Federal e coordena-se com outras legislações que se aplicam subsidiariamente (como a Lei 9.784/1999, que rege o processo administrativo, por exemplo). A Lei de Defesa da Concorrência brasileira harmoniza-se, sobretudo, com as disposições do Código Penal, do Código de Processo Civil e do Código do Consumidor (Lei 8.078/1990). Segundo o artigo 119, os casos de *dumping* ou subsídios previstos no Acordo Geral sobre Tarifas e Comércio (GATT) estão fora do campo de aplicação da Lei 12.529/2011.

O artigo 2.º da Lei 12.529/2011 delimita o campo de aplicação *ratione loci*, uma vez que a Lei de Defesa da Concorrência brasileira aplica-se exclusivamente aos atos cometidos em território nacional. Por conseguinte, a jurisdição do CADE limita-se ao território brasileiro. No que concerne à aplicação *ratione temporis*, a Lei de Defesa da Concorrência brasileira é aplicada desde a data de sua entrada em vigor, lembrando que para práticas anticoncorrenciais a ação punitiva da Administração prescreve em 5 (cinco) anos.

B – A aplicabilidade da legislação brasileira de defesa da concorrência sobre a Administração Pública

Segundo o direito europeu da concorrência, a autoridade pública era anteriormente considerada como exterior ao merca-

52. Glossário disponível em: <www.seae.fazenda.gov.br>.

do, desempenhando um papel de regulador ou demandante de bens e serviços. Nessa condição, seria incapaz ou não teria nenhum interesse em ameaçar ou falsear a concorrência. No entanto, a doutrina e a jurisprudência[53] europeias evoluíram para estender o direito da concorrência à autoridade pública, com uma exceção: o direito da concorrência não se aplica às decisões tomadas pelas autoridades públicas no exercício das prerrogativas de poder público (soberania), *manifestando uma vontade de comando.*[54] O exercício de prerrogativas de poder público que decorrem da competência das jurisdições administrativas não se confunde com uma atividade de produção, distribuição ou serviços.[55]

---

53. Na França, a Decisão 03174 do Tribunal de Conflitos *Aéroports de Paris et Air France c/ TAT*, de 18 de outubro de 1999, distinguiu as "práticas indissociáveis ao exercício de prerrogativas de poder público" que são da competência exclusiva do juiz administrativo, daquelas "que podem ser vistas como destacáveis da apreciação da legalidade de um ato administrativo", que são da competência do Conselho da Concorrência. O conceito é restritivo porque uma prática só deve ser considerada como destacável se ela é estranha ao exercício de uma prerrogativa do poder público. No direito comunitário, a decisão do TPICE, *Aéroports de Paris c/ Commission des Communautés Européennes*, de 12 de dezembro 2000, T-128/98, condenou os Aeroportos de Paris por terem abusado da posição dominante no cálculo das taxas cobradas das empresas de assistência em escala, afirmando que "a colocação à disposição pelos Aeroportos de Paris de instalações aeroportuárias concorrem para a execução, sobre o domínio público, de um conjunto de prestações de natureza econômica, e participa, assim, de sua atividade econômica".

54. GAUDEMET, Yves. *Droit administratif*, 19. ed., Paris, LGDJ, p. 20: "O Estado é uma personalidade jurídica dotada de uma qualidade peculiar: a soberania ou poder público. Admitimos que o Estado não age sempre em qualidade de poder público. Ele só se apresenta com essa qualidade quando age sob a forma de ordens, interdições, regulamentações, enfim, manifestando uma vontade de comando; os atos que ele realiza assim são atos de poder público".

55. Decocq e Decocq (op. cit.) observam que: "no direito da União Européia, a questão de saber se uma atividade entra ou não na categoria que a Corte

A Corte de Justiça europeia distingue bem as decisões administrativas provenientes de atos de poder público que escapam ao direito da concorrência, das atividades econômicas das empresas que são submetidas ao controle concorrencial. De toda maneira, os Estados membros estão proibidos de adotar medidas que ameacem a concorrência.[56] Citando Destour e Clamour, Nicinski[57] destaca que "o efeito útil das regras de concorrência consagra assim um princípio de oposição que permite uma aplicação por ricochete do direito da concorrência aos atos administrativos".

O Brasil não possui uma doutrina ou jurisprudência bem claras sobre os limites da aplicação do direito da concorrência sobre os atos da administração pública que decorrem do exercício de prerrogativas do poder público. A Lei de Defesa da Concorrência brasileira aplica-se às pessoas jurídicas de direito público, sobretudo se elas exercem uma atividade econômica ou uma atividade de produção, distribuição ou serviço. Nesse caso, a pessoa pública situa-se no mesmo nível das pessoas privadas que atuam num mercado relevante.

---

de Justiça designa por atividade econômica tem por único objetivo a aplicabilidade indivisível das regras de concorrência, materiais ou de procedimento: ou a atividade é de natureza econômica e essas regras se aplicam em sua totalidade; ou ela não tem essa natureza e é estranha ao direito da concorrência. Ora, a ação das pessoas públicas 'na qualidade de autoridades públicas' não constitui uma atividade econômica, apenas a colocação em vigor de uma 'regulamentação estatal'. A jurisprudência comunitária exclui portanto o exercício de prerrogativas de poder público da categoria das atividades empresariais".

56. Nicinski nos dá um exemplo: "Para que uma medida estatal seja condenada, é necessário que ela imponha ou favoreça a formação de cartéis ou reforce os efeitos de uma colusão preexistente, retomando os termos de um acordo entre empresas, ainda que delegue o poder de editar uma regulamentação para agentes econômicos" (op. cit.).

57. NICINSKI, Sophie. Op. cit., p. 48 e ss.

A jurisprudência do CADE está repleta de exemplos de atos de concentração ou de investigações sobre práticas anticoncorrenciais que envolvem empresas de economia mista, ou seja, empresas privadas cujo capital social é majoritária ou minoritariamente detido pelo Estado, e no qual o Estado possui mais da metade das ações com direito a voto.[58] Contudo, os processos relativos a empresas públicas são raros na jurisprudência.[59] Esse fato explica-se, talvez em parte, em razão das privatizações iniciadas nos anos 1990, que reduziram significativamente o número de empresas puramente públicas no Brasil. Porém, não se pode ignorar que o País ainda preserva uma cultura protecionista da Administração Pública com relação ao direito da concorrência. A adoção de um sistema de controle das ajudas de Estado no Brasil também poderia contribuir para delimitar com mais precisão a aplicação do direito da concorrência aos atos da Administração Pública.

No Capítulo 2 veremos como a União Europeia estruturou seu sistema de controle das ajudas de Estado, identificando os critérios que demonstram a existência de uma ajuda. Empregando esses mesmos critérios para a realidade brasileira, poderemos observar que as ajudas de Estado concedidas na Europa e no Brasil possuem características análogas.

58. Citamos, por exemplo, a Petrobrás, o Banco do Brasil, a Eletrobrás e a Sabesp.

59. Citamos, por exemplo, o processo movido contra a empresa pública Infraero (responsável pela administração dos principais aeroportos do Brasil) e a Cooperativa de Motoristas de Táxi do Estado do Rio Grande do Norte (Processo Administrativo 08012.006525/2001-11) pela formação de cartel. Num segundo processo (Averiguação Preliminar 08012.005076/2005-17) relativo às prefeituras das cidades de Parnamirim e Natal, a autoridade concorrencial afastou a possibilidade de punição da Administração, porque os efeitos da regulação da atividade de táxi sobre a livre concorrência foram reduzidos ao mínimo possível. A limitação era justificada por razões de segurança, economia turística, logística e urbanismo.

Capítulo 2

A identificação e o procedimento de controle das ajudas de Estado na União Europeia

Os critérios de identificação dos auxílios estatais adotados pela Comissão são úteis para demonstrar que as ajudas de Estado concedidas pelos Estados membros da União Europeia possuem a mesma natureza e características semelhantes das ajudas de Estado outorgadas pelo governo brasileiro (Seção 1). A descrição do procedimento de controle feito pela Comissão servirá de parâmetro para uma possível adoção no Brasil de um sistema análogo. Valer-nos-emos da rara jurisprudência brasileira disponível sobre a matéria para verificar qual é a postura das autoridades concorrenciais brasileiras com relação às ajudas de Estado (Seção 2).

Seção 1 – As ajudas de Estado oferecidas na União Europeia e no Brasil

No capítulo anterior vimos que tanto a União Europeia como o Brasil são regidos pelas regras de economia de mercado e adotam o princípio da livre-concorrência. Ainda que o regime da União Europeia seja supranacional e o do Brasil nacional, os dois sistemas possuem características de mercado similares que justificam a intervenção estatal por meio das ajudas de Estado.

A diferença entre os sistemas nacional e supranacional não impede que os efeitos dos auxílios estatais sobre a concorrência nos mercados europeu ou brasileiro sejam análogos (ou até mesmo idênticos). Como os efeitos anticoncorrenciais sobre o mercado comum motivaram a criação de um sistema de controle das ajudas de Estado na União Europeia, essa mesma motivação poderia conduzir o Brasil a criar um controle similar.

O quadro jurídico europeu das ajudas de Estado é baseado num direito positivado (*hard law*), consolidado pelas disposições do TFUE, e um direito mais flexível (*soft law*), capaz de adaptar-se a situações diversas e imprevisíveis. O Brasil não possui uma legislação específica nem um mecanismo de controle das ajudas de Estado, mas o Sistema Brasileiro de Defesa da Concorrência é uma estrutura suficientemente sólida que salvaguarda o princípio da livre-concorrência e permite a aplicação da lei concorrencial à Administração Pública.

§ 1 – A identificação de uma ajuda de Estado: os critérios adotados pela Comissão Europeia para demonstrar a existência de uma ajuda de Estado

A – Os critérios cumulativos de identificação das ajudas de Estado da União Europeia

Fundando-se na definição do artigo 107, § 1, do TFUE, a Corte de Justiça europeia fixou quatro condições cumulativas para identificar uma ajuda de Estado:[60] 1) a medida deve proceder de uma intervenção do Estado ou por meio de recursos do Estado; 2) a medida confere uma vantagem ao beneficiário; 3) a medida falseia ou ameaça falsear a concorrência; 4) a intervenção é suscetível de afetar o comércio entre os Estados membros.

60. CJCE, 21 de março de 1990, *Belgique c/ Commission*, C-142/87.

Esses mesmos critérios serão confrontados às ajudas de Estado concedidas no Brasil, tendo por objetivo verificar se possuem efetivamente a mesma natureza e provocam os mesmos efeitos sobre a concorrência.

i) A ajuda deve proceder de uma intervenção do Estado ou por meio de recursos do Estado: a interpretação funcional do critério de imputabilidade

A primeira condição de identificação de uma ajuda de Estado é que a medida deve originar-se de uma intervenção do Estado ou de recursos do Estado: "para que essas vantagens possam ser qualificadas de ajudas no sentido do artigo 87, § 1, elas devem, por um lado, ser concedidas diretamente ou indiretamente por meio de recursos do Estado e, por outro lado, ser imputáveis ao Estado".[61]

Como nos explica Nicinski:[62] "A ajuda pode ser acordada diretamente pelo Estado, ou indiretamente por meio de organismos ligados ao Estado, muitas vezes criados para administrar a ajuda. A jurisprudência fixou duas condições cumulativas: a medida incriminada deve surgir como resultado de um comportamento imputável ao Estado (critério de imputabilidade) e deve ser concedida com recursos do Estado. [...] A noção de ajuda é concebida em sentido amplo, por exemplo, ajudas outorgadas pelo poder legislativo,[63] pelas coletividades territoriais ou infraestatais,[64] por organismos agindo sob influência do Estado, e mesmo quando não há instruções precisas do Estado, são consideradas ajudas de Estado".

61. CJCE, 16 de maio de 2002, *République française c/ Commission*, C-482/99.

62. NICINSKI, Sophie. Op. cit., p. 216 e ss.

63. TPICE, 12 de dezembro de 1996, *Air France c/ Commission*, T 358/94.

64. CJCE, 14 de outubro de 1987, *RFA c/ Commission*, C-248/84.

Para apreciar se uma medida é imputável ao Estado, a Corte e a Comissão utilizam uma interpretação funcional,[65] analisando a real autonomia das pessoas que não configuram o Estado. A jurisprudência da Corte evoluiu progressivamente para incluir no critério de imputabilidade as ajudas oferecidas por organismos sob influência estatal. Por conseguinte, as medidas tomadas por órgãos públicos ou privados podem ser imputáveis ao Estado.[66] Num primeiro momento, as ajudas acordadas por esses órgãos eram consideradas imputáveis ao Estado somente se interviesse uma decisão do Estado. Depois a Corte expandiu a noção, incluindo as ajudas dadas por órgãos sob influência estatal, mesmo sem instruções precisas do Estado.

Para julgar a imputabilidade, a Corte examina a influência do Estado baseando-se num conjunto de indícios,[67] "resultando de circunstâncias de fato e do contexto no qual a medida foi concedida".[68] Se o órgão não dispõe de plena autonomia, mas age sob controle do Estado, a medida será qualificada de ajuda de Estado.[69] Nicinski confirma que: "A jurisprudência consolidou a interpretação do artigo 107, § 1, de modo a considerar que as

---

65. A expressão é utilizada por J.-P. Keppenne em *Guide des aides d'État en droit communautaire*, cit.

66. Isso se justifica porque "o direito comunitário não admitiria que só o fato de criar instituições autônomas encarregadas da distribuição de ajudas permitiria contornar as regras relativas às ajudas de Estado" (TPICE, 12 de dezembro de 1996, *Air France c/ Commission*, T-358/94, ponto 62).

67. A Corte leva em consideração, por exemplo: o estatuto da empresa; sua integração nas estruturas da administração pública; a intensidade da tutela exercida pelas autoridades públicas; a natureza das suas atividades e suas condições de exercício no mercado; a probabilidade de influência das autoridades públicas ou a ausência de influência na adoção de uma medida. Cf. *Vade-mecum des aides d'État*, La documentation française, 2010, p. 16.

68. CJCE, 16 de maio de 2002, *République française c/ Commission*, C-482/99 (decisão Stardust).

69. CJCE, 2 de fevereiro de 1988, *Van der Kooy e.a. c/ Commission*, C-67,68,70/85.

ajudas devem ser obrigatoriamente financiadas com fundos públicos. A apreciação da imputabilidade remete, portanto, a uma análise da influência do Estado sobre o órgão, a partir de um conjunto de indícios, sobretudo de elementos estatutários destinados a demonstrar essa influência e o frágil grau de autonomia".[70]

ii) A ajuda confere uma vantagem ao beneficiário: o critério de seletividade e o critério do agente em economia de mercado

A segunda condição de identificação de uma ajuda de Estado é que a medida confira uma vantagem ao beneficiário, isto é, "uma vantagem econômica que não seria obtida em condições normais de mercado".[71] Essa vantagem pode ter natureza positiva, por meio de ajudas em espécie, ou em bens e serviços a título gratuito ou em condições anormais de mercado. São, por exemplo, as ajudas pecuniárias, subsídios, empréstimos, garantias, oferecimento de terrenos, prédios ou pessoal. A vantagem pode ter também natureza negativa, como a ausência de ganho para o setor público. São, por exemplo, as vantagens fiscais, as exonerações totais ou parciais de cargas fiscais, uma remissão de dívida ou ainda o não exercício de recursos contra uma empresa.

Em princípio, as ajudas de Estado pressupõem uma ausência de contrapartida, mas os Estados esperam da parte dos beneficiários um comportamento econômico em razão do caráter motivador da ajuda.[72] Quando a ausência de contrapartida não é

70. O critério de imputabilidade aplica-se também às ajudas outorgadas pelas empresas públicas aos clientes que são agentes econômicos, pois "o capital das empresas públicas faz aparecer um recurso de origem estatal, uma vez que a vantagem concedida a um cliente por uma empresa pública gera uma privação de dividendos para o Estado" (CJCE, 2 de fevereiro de 1988, *Van Der Kooy*, C-70/85, citado por NICINSKI, Sophie. Op. cit., p. 216 e ss.).

71. CJCE, 11 de julho de 1996, *SFEI e.a.*, C-39/94.

72. Para Decocq et Decocq, a noção de ausência de contrapartida entende-se como uma contrapartida *inexistente* ou *insuficiente*. Para Nicinski: "A ajuda

evidente, a jurisprudência comunitária utiliza o critério do *agente em economia de mercado*. O princípio é que o agente proveniente do setor público não deve aliviar as cargas que normalmente comprometem o orçamento de uma empresa. O método utilizado consiste em comparar o comportamento do agente proveniente do setor público com o comportamento de um agente privado em situação similar. Se os dois comportamentos são idênticos, não há ajuda de Estado.[73]

O agente proveniente do setor público deve agir como um investidor cauteloso, mas a análise é feita caso a caso.[74] A jurisprudência leva em conta, por exemplo, o porte do investidor, a situação do mercado relevante e da empresa. O critério das condições normais de mercado verifica sempre se a empresa beneficiária recebeu vantagens econômicas que ela não teria obtido em condições normais de mercado.

Em princípio, quando a medida é endereçada a alguns agentes econômicos, há ajuda de Estado.[75] Por outro lado, se a medida abrange todos os agentes econômicos, trata-se de uma medida

---

é uma vantagem certa, mas uma vantagem considerada como anormal. A noção de anormalidade se aprecia também por meio da seletividade da ajuda. Na verdade, para constituir uma ajuda, a vantagem deve atingir apenas alguns agentes. Se ela beneficia indiferentemente um grupo de agentes, a vantagem resulta da aplicação de um regime geral".

73. CJCE, 14 de fevereiro de 1990, *République Française c/Commission*, C-301/87.

74. Nicinski (op. cit.) acrescenta que: "O método do teste do agente atuando em condições normais de mercado foi inicialmente utilizado para a participação do Estado no capital de empresas, depois para avaliar o comportamento do Estado acionista. Hoje, ele é adotado para apreciar todas as transações bilaterais entre o Estado e os agentes privados".

75. Para Communier, "as medidas gerais visam às intervenções públicas que não são seletivas, mas que têm vocação para se aplicar ao conjunto da economia de um Estado membro, sem discriminação, ou seja, em estrita legalidade de tratamento entre os agentes econômicos" (op. cit., p. 31).

geral, identificada segundo três elementos estabelecidos pela Comissão: "1) o caráter não limitado do seu campo de aplicação, 2) o fato de ser fundada sobre critérios ou condições objetivos e horizontais e 3) uma duração ilimitada".[76]

Como esclarece Nicinski:[77] "as medidas de alcance geral e caráter econômico, ou mais particularmente de ordem fiscal ou social, escapam da qualificação de ajuda. Porém a distinção é às vezes difícil de estabelecer. Assim, quando a medida atinge todo um setor ou uma categoria de empresas (as PME,[78] por exemplo), em geral existe ajuda de Estado. Examina-se em um regime jurídico específico se a medida constitui uma vantagem para certas empresas em relação a outras que se encontram em situação fática e jurídica comparáveis".

iii) A ajuda falseia ou ameaça falsear a concorrência no mercado único europeu

A terceira condição de identificação de uma ajuda de Estado é que a medida falseie ou ameace falsear a concorrência. Communier[79] nos diz que "a alteração da concorrência é entendida de maneira bem extensiva. O fato de que a ajuda reforça a posição da empresa que a recebeu com relação às outras empresas presentes no mercado é suficiente para caracterizar a alteração da concorrência, e o fato de que a ajuda visa a compensar uma deficiência especial que afeta a empresa beneficiária não retira seu caráter anticoncorrencial".

Para Keppenne,[80] a concorrência é falseada assim que a intervenção do Estado provoca uma alteração artificial de certos

76. Decisão de 13 de março de 1996, JOCE L 146, 20 de junho de 1996, p. 42.
77. NICINSKI, Sophie. Op. cit., p. 231.
78. Pequenas e Médias Empresas (PME).
79. COMMUNIER, Jean-Michel. Op. cit., p. 39.
80. KEPPENNE, Jean Paul. Op. cit., p. 120.

elementos do custo de produção da empresa beneficiária e reforça sua posição com relação às outras empresas concorrentes. Essa definição parece inerente à noção de vantagem. Por essa razão, é frequentemente presumida, salvo em circunstâncias excepcionais, tais como a ausência no mercado de produtos idênticos ou substitutos àqueles fabricados pelo beneficiário.[81] Pode haver uma distorção da concorrência qualquer que seja o montante da ajuda, mesmo que seja de menor valor ou que pareça evidente que o beneficiário teria realizado a operação sem a ajuda concedida.[82]

Nicinski[83] observa que a Corte de Justiça examina a condição de restrição da concorrência e controla se a ajuda modifica a estrutura do mercado relevante e afeta a situação das empresas concorrentes presentes no mercado.[84] A Comissão deve motivar a sua decisão, indicando concretamente os efeitos previsíveis da ajuda, mas não é obrigada a fazer uma análise econômica da situação do mercado relevante.[85]

iv) A ajuda é suscetível de afetar o comércio entre os Estados membros

A quarta e última condição de identificação de uma ajuda de Estado é que a medida seja suscetível de afetar o comércio entre os Estados membros. Relembrando a jurisprudência da Corte, Nicinski[86] comenta que: "não é necessário estabelecer uma incidência real da ajuda sobre o comércio entre os Estados membros

81. Conclusões do advogado geral Capotorti na decisão C-730/79, de 17 de setembro de 1980, *Philip Morris*.

82. Decisão da Comissão de 31 de julho de 1991 relativa à uma ajuda concedida pela Derbyshire County Council à Toyota Motor Corporation, *JOCE*, L 6, 11 de janeiro de 1992, ponto V.

83. NICINSKI, Sophie. Op. cit., p. 234.

84. CJCE, 1.º de julho de 2008, Chronopost SA e.a., C-341/06.

85. TPICE, 6 de setembro de 2006, *République Italienne c/ Commission*, T-304/04 et T-316/04.

86. NICINSKI, Sophie. Op. cit., p. 232 e 233.

e uma distorção efetiva da concorrência, mas é suficiente demonstrar que a ajuda é suscetível de gerar tais efeitos".[87]

A Corte entende que "não existe um limite ou uma porcentagem abaixo dos quais o comércio não seria considerado afetado".[88] O porte modesto do beneficiário não é suscetível de excluir essa condição, mas as ajudas de menor importância concedidas às pequenas empresas que exercem uma atividade local em setores pouco concorrenciais não são consideradas capazes de afetar o comércio entre os Estados membros.[89]

A ajuda é considerada incompatível com o tratado porque cria distorções concorrenciais no mercado interno europeu. É por esse motivo que as duas condições que tratam dos efeitos sobre a concorrência e o comércio comunitário são frequentemente consideradas satisfeitas, ainda que a Corte recomende à Comissão que sejam efetivamente verificadas.

B – As ajudas de Estado outorgadas pelos Estados membros da União Europeia e as ajudas de Estado concedidas pelo governo brasileiro possuem as mesmas características

Como vimos, as ajudas de Estado podem se manifestar sob diversas formas. Os exemplos clássicos são subsídios, emprésti-

---

87. Nicinski acrescenta que: "a condição é satisfeita desde que a empresa beneficiária da ajuda exerça uma atividade econômica que tenha por objeto o comércio em questão, ou que não se possa negar que ela concorre com agentes estabelecidos em outros Estados membros. Porém, quando a incidência da medida de ajuda sobre o comércio é indireta ou não imediata, a Corte exige uma demonstração mais minuciosa por parte da Comissão". Para cumprir essa tarefa, a Comissão deve trazer elementos concretos, como as características do setor, o volume das exportações da empresa ou a parte que cabe à empresa no comércio comunitário.

88. CJCE, 11 de novembro de 1987, *France c/ Commission*, C-259/85,

89. Comunicação da Comissão sobre o enquadramento das ajudas de Estado às pequenas e médias empresas, *JOCE*, C 323, 23 de julho de 1997, ponto 2.1: a atividade das microempresas é mais suscetível de não afetar o comércio.

mos sem juros ou com juros reduzidos, bonificações, garantias em condições preferenciais, exonerações fiscais, fornecimento de bens ou prestação de serviços em condições preferenciais, créditos oferecidos em condições inaceitáveis ao investidor privado, ou ainda o adiamento para pagamento de impostos ou contribuições sociais.

O Estado brasileiro adota essas mesmas medidas em todos os níveis da Administração Pública. As ajudas de Estado brasileiras são oferecidas principalmente no contexto de políticas de incentivo para o desenvolvimento industrial e econômico. Para demonstrar que as ajudas de Estado europeias são similares às ajudas de Estado brasileiras, escolhemos dois tipos de auxílios estatais que provocam impactos consideráveis do ponto de vista concorrencial: 1) em nível federal, as ajudas de financiamento industrial a longo prazo oferecidas pelo Banco Nacional de Desenvolvimento Econômico e Social (BNDES); 2) em nível regional, as ajudas de incentivo fiscal regional do Imposto sobre a Circulação de Mercadorias e prestação de Serviços (ICMS).

§ 2 – As principais políticas de incentivo do governo brasileiro para o desenvolvimento industrial e econômico

A – As políticas públicas brasileiras de incentivo fiscal

A política de incentivo fiscal brasileira foi criada a partir de várias políticas públicas dirigidas a setores econômicos, regiões geográficas e inúmeras finalidades sociais. Os incentivos fiscais podem durar muitas décadas (como é o caso da Zona Franca de Manaus) ou ter uma duração limitada (em meses ou anos), como ocorre com a maioria das isenções do Imposto sobre Produtos Industrializados (IPI) para setores específicos da indústria, ou do

Imposto sobre Operações Financeiras (IOF) que visam objetivos conjunturais de política econômica.[90]

A tendência de conceder incentivos fiscais por meio de regimes fiscais especiais como ferramentas de política industrial e desenvolvimento regional vem se acentuando no Brasil. Nos anos 1990, houve a revogação de uma parte dos incentivos fiscais em vigor desde a década de 1970 e a progressiva liberalização das importações. Mesmo nesse período de redução das ajudas de Estado, novos programas de incentivo fiscal foram adotados, tais como os Programas de Desenvolvimento Tecnológico e Industrial (PDTI) e os Programas de Desenvolvimento Tecnológico e Agropecuário (PDTA),[91] bem como isenções fiscais para a indústria de informática.[92]

A partir dos anos 2000, a nova orientação política acentuou a utilização das ajudas de Estado. Regimes fiscais especiais foram criados[93] para os setores petrolífero, farmacêutico e automobilístico. Em 2003, o governo lançou a Política Industrial, Tecnológica e de Comércio Exterior (PITCE). Além das linhas de atuação horizontal (como a inovação tecnológica), quatro setores foram eleitos como opções estratégicas (semicondutores, bens de capital, *software* e medicamentos), assim como atividades do futuro (biotecnologia, nanotecnologia, biomassa e energias renováveis).

Em 2007, o governo federal lançou o Plano de Aceleração do Crescimento (PAC), criando o Regime Especial de Incentivos para o Desenvolvimento da Infraestrutura (REIDI), que concede isenções fiscais para a aquisição de máquinas, equipamentos

---

90. MACIEL, Marcelo Sobreiro. *Política de incentivos fiscais*: quem recebe isenção por setores e regiões do país, Biblioteca Digital da Câmara dos Deputados, 2010.

91. Lei 8.661/1993, modificada pela Lei 10.637/2002, e Lei 11.196/2005.

92. Lei 8.248/1991.

93. Lei 9.990/2000, Lei 10.147/2000 e Lei 10.485/2002.

e materiais de construção, e para a prestação de serviços às empresas do setor de energia, saneamento e transporte. Em 2008, o governo federal modificou sua política industrial, lançando a Política de Desenvolvimento Produtivo (PDP), uma continuação da PITCE. A PDP previu incentivos fiscais da ordem de R$ 21,4 bilhões entre 2008 e 2011, e entre as ferramentas para sua implementação encontram-se as ajudas de Estado.[94]

i) As ajudas de Estado brasileiras sob a forma da Política de Desenvolvimento Produtivo (PDP)

A PDP criada em 2008 visa promover a competitividade a longo e médio prazos da economia brasileira. A PDP está baseada em quatro macro-objetivos: 1) aumentar a taxa de investimentos; 2) estimular a inovação, sobretudo no setor privado; 3) ampliar a inserção internacional do Brasil, preservando a robustez das contas externas; 4) fortalecer as pequenas e médias empresas.

Inicialmente a PDP considerou 24 setores, e os macro-objetivos deveriam ser atingidos até o final de 2010. Entretanto, os macro-objetivos não foram alcançados,[95] e o governo decidiu aperfeiçoar a PDP em 2011. Nessa segunda fase, o BNDES desempenhou um papel importante, pois estendeu o Programa de

---

94. Em continuação à PDP, o governo brasileiro anunciou, em 2 de agosto de 2011, reforços para o financiamento da indústria e medidas de insenção fiscal para os setores intensivos em mão de obra e exportação que vão custar cerca de R$ 25 bilhões em dois anos. O objetivo é aumentar os investimentos e compensar parcialmente as perdas provocadas pela moeda valorizada. O pacote de medidas, chamado "Plano Brasil Maior", previu a redução de 20% a zero da taxa de contribuição do INSS para os setores de confecção, calçados, móveis e *software*, e o aumento das isenções para os bens de capital. O pacote compreende também o prolongamento das linhas de financiamento do BNDES, incluindo o PSI, que foram prorrogadas até dezembro de 2011.

95. Segundo o relatório da Federação das Indústrias do Estado de São Paulo (FIESP) de junho de 2011, disponível em: <www.fiesp.com.br>.

Sustentação ao Investimento (PSI), lançado em 2009, que financia a longo prazo e a taxas de juros reduzidas vários setores da indústria, principalmente máquinas e equipamentos.

O governo brasileiro usa seu poder discricionário para escolher as medidas que serão utilizadas para pôr em prática a PDP. Para atingir os quatro macro-objetivos, o governo estabeleceu medidas fiscais, regulatórias, de financiamento, de defesa comercial e outras que podem traduzir-se em ajudas de Estado segundo os critérios europeus, como a isenção de certos impostos, empréstimos, financiamentos, concessão de linhas de crédito etc.[96]

Assim, entre as medidas da PDP para estimular o desenvolvimento de pequenas e médias empresas (PME), encontramos, por exemplo, uma linha de crédito concedida pelo BNDES e pelo Banco Interamericano de Desenvolvimento (BID) de R$ 1 bilhão para financiar os projetos de financiamento das PME. Não se trata de uma medida geral de caráter econômico, pois não se dirige a todos os agentes econômicos, mas apenas a uma categoria de empresas, as PME. Se aplicarmos os quatro critérios europeus de identificação das ajudas de Estado à PDP brasileira, veremos que certas medidas têm a mesma natureza que as ajudas de Estado europeias.

Tomemos ainda o exemplo das PME: 1) a medida (linha de crédito) provém de uma intervenção do Estado e por meio de recursos do Estado;[97] 2) a medida confere uma vantagem às PME beneficiárias; 3) a medida falseia ou ameaça falsear a concorrên-

96. A PDP está disponível no sítio <www.pdp.gov.br> do Ministério do Desenvolvimento, Indústria e Comércio Exterior.

97. Nesse sentido, Saravia observa que: "Supunha-se que o BNDES, principal financiador desses projetos, devia contar com recursos suficientes. Para isso, o governo colocou à disposição fundos de natureza diversa. Mas é possível notar, ao longo da história do BNDES, que são os recursos

cia, porque a escolha das PME beneficiárias pode reforçar sua posição perante as demais empresas concorrentes, resultando em discriminação entre os agentes econômicos.

Com relação à aplicação do quarto critério europeu de identificação das ajudas de Estado, que estabelece que a medida deve ser suscetível de afetar o comércio entre os Estados membros, é necessário fazer algumas reflexões. Se considerarmos que os Estados que compõem a União Federativa do Brasil podem ser comparados aos Estados membros da União Europeia, o quarto critério está preenchido, uma vez que as ajudas concedidas por um Estado brasileiro podem afetar o comércio entre os demais Estados da Federação brasileira. Por outro lado, se considerarmos que "a União Européia adquiriu a configuração de uma verdadeira comunidade econômica, permitindo definir o mercado geográfico segundo as mesmas regras válidas para o mercado interno",[98] a diferença entre os mercados nacional e supranacional é minimizada.[99] O mais importante são os efeitos das ajudas de Estado sobre a concorrência, e esses efeitos são sentidos tanto na União Europeia como no Brasil.

---

provenientes da poupança fiscal obrigatória que predominaram" (op. cit., p. 231).

98. SALOMÃO FILHO, Calixto. *Direito concorrencial:* as estruturas, cit., p. 116.

99. Segundo Salomão Filho, "um dos principais objetivos do direito concorrencial comunitário é servir de força motriz à criação de um espaço econômico comum. A existência de condições equitativas de concorrência é elemento garantidor da existência de uma liberdade real e não apenas formal de circulação de mercadorias e fatores produtivos. Por esse motivo, ao direito concorrencial comunitário não é possível aplicar a definição de mercado nos moldes neoclássicos. Se a preocupação primeira é com a existência efetiva de igualdade de condições de concorrência e não com o poder de aumentar os preços, o mercado relevante não pode ser medido com base em aumentos hipotéticos de preços, mas sim a partir da existência ou não daquelas condições".

B – O papel preponderante do Banco Nacional de Desenvolvimento Econômico e Social (BNDES)

Em nível federal, as ajudas de Estado que geram efeitos mais sensíveis na concorrência são aquelas concedidas pelo Banco Nacional de Desenvolvimento Econômico e Social (BNDES). O BNDES foi criado em 1952[100] sob a forma de autarquia sob a jurisdição do Ministério da Fazenda e dotado de autonomia administrativa e personalidade jurídica própria. Em 1971, tornou-se uma empresa pública, cujo capital pertence exclusivamente ao Estado. Os recursos do BNDES são de origem pública, provenientes, sobretudo, do Fundo de Amparo ao Trabalhador (FAT).[101]

O BNDES teve por objetivo inicial o financiamento a longo prazo do programa de crescimento e modernização da infraestrutura nacional, assim como o financiamento da indústria pesada e de alguns setores agrícolas.[102] Até hoje, o BNDES opera como agente do financiamento industrial a longo prazo e obteve mais recursos para incentivar a implementação de investimentos setoriais em diversas áreas da economia, indicando igualmente

100. A Lei 1.628, de 20 de junho de 1952, criou o Banco Nacional de Desenvolvimento Econômico (BNDE). O Decreto-lei 1940, de 25 de maio de 1982, o transformou em Banco Nacional de Desenvolvimento Econômico e Social (BNDES).

101. O Fundo de Assistência ao Trabalhador (FAT), criado em 1988, teve um alcance extraordinário, alimentando o BNDES de fundos que são valorizados a taxas exponenciais ao longo dos anos seguintes à criação do FAT (JAYME JR., Frederico G.; CROCCO, Marco et. al. (org.). *Bancos públicos e desenvolvimento*, Rio de Janeiro, IPEA, 2010, p. 82.

102. A função do banco seria a de "financiar a reorganização dos serviços de base da economia nacional, bem como promover a implantação e expansão das indústrias essenciais, realidade na qual as indústrias privadas mostraram-se incapazes. Eram investimentos que exigiam doses importantes de capital, de maturação lenta e que não podiam assegurar, em razão das condições próprias da economia nacional, os benefícios aos quais estão habituados os investidores privados em seus setores tradicionais de atuação".

uma gama maior de setores para os quais deveriam ser aplicadas políticas públicas.

Como observa Saravia:[103] "As mudanças na economia do país induziram o BNDES a trabalhar, a partir de 2001, com um novo modelo de gestão que considera que é o mercado que determina o lugar e o montante dos investimentos que devem ser feitos. *O modelo considera também que o BNDES deve ajudar as empresas privadas para operar em um quadro de modernização e concorrência global.* Os empréstimos, nessa etapa, devem ser dirigidos para os setores de infraestrutura, comércio exterior, pequenas e médias empresas e desenvolvimento urbano e social".

O apoio à criação de empresas multinacionais brasileiras não era considerado prioridade da política econômica até recentemente. Contudo, essa questão foi colocada em destaque pelo governo e um sinal de mudança estratégica é o apoio à formação de grandes grupos nacionais.[104-105] Nesse contexto, o BNDES oferece assistência indireta e direta às empresas: o financiamento da

---

103. SARAVIA, Enrique Jerónimo. Op. cit., p. 229 – grifos nossos.

104. ALÉM, Ana Cláudia; GIAMBIAGI, Fábio et al. *O BNDES em um Brasil em transição*, Rio de Janeiro, BNDES, 2010, p. 52.

105. Interessante notar que por ocasião dos 50 anos do BNDES, o papel do Estado na escolha dos "setores vencedores" foi questionada: "Aqui a lição parece ser a de exercer o máximo de cautela. Antes de qualquer decisão é preciso responder a muitas perguntas. A primeira delas seria por que, se o setor é bom, os investidores já não estão se movendo para ele? Quais são as falhas de mercado? Quais seriam as melhores formas de corrigi-las? Quais são as reais competências do executivo para implementar as medidas corretivas e monitorá-las? Quais são os efeitos para os demais setores e para o conjunto da economia? Quais são os custos de saída para o governo caso as medidas se revelem contraproducentes? São questões complexas e difíceis de responder" (VELLOSO, João Paulo dos Reis; ALBUQUERQUE, Roberto Cavalcanti et al. *A promoção do desenvolvimento:* os 50 anos do BNDES e do Banco do Nordeste, Rio de Janeiro, José Olímpio, 2003, p. 76).

capacidade produtiva doméstica e o financiamento das operações de internacionalização.[106]

O impacto concorrencial das ajudas oferecidas pelo BNDES não é levado em consideração no momento da escolha das empresas beneficiárias. Saravia[107] acrescenta que: "No setor privado, inúmeras empresas beneficiaram-se da colaboração do BNDES. Os critérios de seleção não foram estabelecidos com base em uma relação particular com a empresa, mas com relação aos setores e aos projetos que tinham, como pré-requisito, a necessidade para o acionista de oferecer garantias e capitais próprios aos investimentos a serem realizados. Quanto à seleção das empresas, uma atenção especial foi igualmente dada à capacidade de reembolso, e para aquelas que apresentavam risco de insolvabilidade exigiam-se garantias reais".

As ajudas concedidas pelo BNDES preenchem os critérios de identificação das ajudas de Estado da Comissão Europeia. O BNDES é uma instituição pública, e seus empréstimos e financiamentos provêm de recursos do Estado, já que o banco opera com fundos públicos. O BNDES ajuda as empresas selecionadas segundo critérios específicos que não levam em consideração o aspecto concorrencial, apesar do fato de que a escolha dessas

106. Em setembro de 2005, o BNDES financiou a empresa JBS-Friboi para a aquisição da Swift Argentina. Foi o primeiro passo do processo de internacionalização da empresa, que tornou-se líder mundial do setor frigorífico em 2009, após a aquisição das empresas norte-americanas Swift Foods and Company e Pilgrim's Pride, e do abatedouro Bertin. Recentemente, destacamos a polêmica em torno do financiamento de aproximadamente 2 bilhões de Euros pelo BNDES para a operação desenhada entre Pão de Açúcar e Carrefour, as duas maiores redes de supermercados do país. Segundo o jornal *Valor Econômico*, nos últimos cinco anos, as diversas operações entre o BNDES e o Grupo Pão de Açúcar totalizaram R$ 1,02 bilhão (p. B4 da edição de 4 de julho de 2011).

107. SARAVIA, Enrique Jerónimo. Op. cit., p. 283.

empresas lhes confere uma vantagem competitiva. As ajudas do BNDES são suscetíveis de falsear a concorrência e afetar o comércio entre os Estados brasileiros.

i) Os programas de incentivo fiscal regional

Em nível regional, os Estados brasileiros são livres para criar programas de incentivo fiscal que são postos em prática por meio de ajudas de Estado, tais como benefícios fiscais, financeiros e de infraestrutura. Essa autonomia é prevista na Constituição Federal de 1988,[108] que confere aos Estados brasileiros poderes legislativos sobre suas próprias receitas.[109]

Cada Estado brasileiro e o Distrito Federal são competentes para instituir o Imposto sobre a Circulação de Mercadorias e prestação de Serviços (ICMS).[110] A disputa entre os Estados brasileiros para oferecer incentivos fiscais mais vantajosos visando atrair investidores privados, provocou um fenômeno conhecido como "guerra fiscal". Para trazer investimentos aos seus respectivos estados, os governos infranacionais oferecem benefícios fiscais, como a redução das taxas do ICMS, créditos especiais ou

108. Constituição Federal, artigo 155: "Compete aos Estados e ao Distrito Federal instituir impostos sobre: II – operações relativas à circulação de mercadorias e sobre prestações de serviços de transporte interestadual e intermunicipal e de comunicação, ainda que as operações e as prestações se iniciem no exterior".

109. A Constituição Federal de 1988 reforçou a descentralização político-fiscal, transferindo aos Estados a competência para a legislação do ICMS e do Imposto sobre a Propriedade de Veículos Automotores (IPVA) e aos Municípios a competência sobre o Imposto Sobre os Serviços (ISS) e o Imposto Predial e Territorial Urbano (IPTU).

110. Como consequência, o Brasil possui atualmente 27 legislações sobre o ICMS para cada estado membro da federação, com taxas diferentes para vários produtos.

empréstimos subsidiados a longo prazo, sem nenhuma fiscalização do governo federal.

Os regimes fiscais especiais deveriam ser aprovados por unanimidade pelo Conselho Nacional de Política Fazendária (CONFAZ),[111] formado pelo Ministério da Fazenda e os 27 Secretários de Fazenda de cada Estado brasileiro. Entretanto, os governos regionais ignoram a obrigação de submeter os incentivos fiscais ao CONFAZ, alegando que possuem autonomia legislativa conferida a eles pela Constituição Federal e que é difícil chegar a decisões unânimes.

A guerra fiscal deu origem a um segundo fenômeno chamado "guerra dos portos": os Estados brasileiros oferecem reduções de ICMS aos produtos importados, visando aumentar a atividade portuária e as operações aduaneiras. A guerra fiscal, assim como a guerra dos portos, gera graves efeitos anticoncorrenciais, mas até o momento a discussão jurídica sobre o assunto está circunscrita ao Judiciário nas Ações Diretas de Inconstitucionalidade (ADIN).[112]

Vimos que tanto em nível nacional como em nível regional, a concessão de ajudas de Estado no Brasil é uma prática corrente que não leva em consideração os impactos concorrenciais. O sistema de controle das ajudas de Estado da União Europeia é bem consolidado, e sua estrutura merece ser conhecida para servir de fundamento para a criação de um modelo equivalente.

---

111. O CONFAZ foi criado pela Lei Complementar 24/1975.

112. Até 1.º de junho de 2011 o Supremo Tribunal Federal (STF) havia julgado 14 Ações Diretas de Inconstituconalidade movidas contra as legislações dos estados do Rio de Janeiro, Mato Grosso do Sul, São Paulo, Paraná, Espírito Santo, Pará e Distrito Federal, que concederam reduções e isenções fiscais às empresas sem o acordo interestatal e sem autorização do CONFAZ. Ver, por exemplo, a ADIN 3.674/RJ.

Seção 2 – O sistema de controle das ajudas de Estado na União Europeia e a ausência de dispositivos de controle das ajudas de Estado no Brasil

A Comissão Europeia detém competência quase exclusiva de controle das ajudas de Estado[113] e conserva poderes e deveres bem definidos. Entre os mais importantes, citamos, de um lado, o poder de tomar decisões em matéria de direito da concorrência, incluindo os auxílios estatais, bem como o poder de impor sanções pecuniárias, e, de outro lado, o dever de controlar a compatibilidade das ajudas nacionais com o direito comunitário e de proferir decisões motivadas em prazos razoáveis.

O procedimento de controle das ajudas de Estado da União Europeia encontra-se no Regulamento (CE) 659/1999. Em matéria de auxílios estatais, a Comissão manifesta-se após a notificação, ou por meio de representações feitas por outros Estados membros ou empresas concorrentes, ou ainda valendo-se da prerrogativa de abrir uma investigação de ofício.

O órgão brasileiro análogo à Comissão é o CADE, que dispõe de competência quase exclusiva para o controle das concentrações econômicas e práticas anticoncorrenciais.[114] O CADE tem o poder de decidir sobre matérias pertinentes ao direito da concorrência e impor sanções administrativas e pecuniárias. Conserva o dever de defender a legislação concorrencial no território brasileiro e de proferir decisões motivadas em prazos o mais curtos

113. Paralelamente, o Conselho Europeu dispõe da competência para decidir sobre a compatibilidade ou incompatibilidade de uma ajuda, segundo o artigo 108-2 do TFUE.

114. A competência do CADE é quase exclusiva, em razão da competência do Banco Central do Brasil (BACEN) para efetuar o controle das concentrações entre entidades que pertencem ao sistema financeiro nacional, segundo jurisprudência do Superior Tribunal de Justiça (RE 1.094.218-DF, julgado em 25 de agosto de 2010).

possível. O procedimento de controle dos atos de concentração e condutas anticompetitivas está previsto na Lei 12.529/2011 e em regulamentações específicas. O CADE também age por meio de notificações, representações ou de ofício.

A descrição geral do procedimento e do mecanismo de controle europeu das ajudas de Estado, assim como a analogia entre os dois sistemas concorrenciais na Europa e no Brasil, será útil para nosso estudo comparativo. As jurisprudências brasileiras sobre a matéria demonstrarão os limites de atuação do CADE para intervir nos auxílios estatais concedidos no Brasil.

§ 1 – O mecanismo de controle das ajudas de Estado adotado na União Europeia

A – O controle a priori *das ajudas novas e o controle* a posteriori *permanente das ajudas existentes*

O artigo 108, § 1 e § 3, do TFUE estabelece o princípio do controle *a priori* das ajudas novas e o controle *a posteriori* das ajudas existentes. O Regulamento (CE) 659/1999 do Conselho trata do procedimento de controle das ajudas de Estado[115] e define as ajudas existentes, distinguindo cinco tipos:[116] 1) as ajudas anteriores à entrada em vigor do tratado ou da adesão do Estado membro; 2) as ajudas autorizadas pela Comissão; 3) as ajudas autorizadas tacitamente; 4) as ajudas ilegais não contestadas no prazo de prescrição; 5) as ajudas existentes em razão da evolução do mercado comum.

115. O Regulamento 794/2004 da Comissão inclui o formulário de notificação que todos os Estados membros devem preencher para notificar uma ajuda ou um regime de ajuda.

116. Ver COMMUNIER, Jean-Michel. Op. cit., p. 119 e ss.

As ajudas existentes são submetidas a um controle *a posteriori* permanente[117] da Comissão, que possui a prerrogativa de modificar as ajudas autorizadas que venham a se tornar incompatíveis com o direito comunitário. Os Estados membros devem manter a Comissão informada sobre as ajudas existentes por meio de relatórios anuais ou reuniões periódicas multilaterais. O controle permanente exige, portanto, uma cooperação regular e periódica entre os Estados membros e a Comissão, fundada sobre a troca de informações.[118]

As ajudas novas compreendem todo o projeto de ajuda individual ou regime de ajuda que não se vincula a nenhuma ajuda existente. Segundo o artigo 1.º do Regulamento (CE) 659/1999, *ajuda individual* é a ajuda concedida no contexto de um regime de ajuda. Um *regime de ajuda* é uma medida na qual os poderes públicos se baseiam para conceder ajudas individuais, sem a necessidade de pedidos suplementares ou notificações específicas. Um regime de ajuda é notificado uma única vez e, caso aprovado, as ajudas individuais que dele decorrem são consideradas como existentes. O regime de ajudas permite a concessão de ajudas individuais sem notificação, mas sob a condição de permanecerem nos padrões autorizados. Se a Comissão constatar a não conformidade entre a ajuda individual e o regime de ajuda notificado, a ajuda individual será considerada como uma ajuda nova e deverá ser objeto de um controle de compatibilidade.

O controle *a priori* das ajudas novas exige a notificação prévia à Comissão do projeto de ajuda nova ou de qualquer modificação de uma ajuda existente, exceto quando o texto legal dispen-

---

117. Ver os artigos 17 à 19 do Regulamento 659/1999.

118. O princípio de cooperação permanente está previsto no artigo 17 do Regulamento 659/99 e é reforçado pela jurisprudência (CJCE, 29 juin 1995, *Espagne c/ Commission*, C-135/93). Quando a Comissão exige, o Estado membro deve fornecer as informações solicitadas no prazo obrigatório de um mês, exceto se uma prorrogação for aceita.

sa a notificação. A obrigação de notificar baseia-se no princípio de cooperação leal entre os Estados membros e as autoridades comunitárias,[119] uma vez que nenhuma ajuda pode ser colocada em prática antes da decisão da Comissão. O desrespeito dessa obrigação torna a ajuda ilegal.

i) O controle das ajudas notificadas

O procedimento de controle das ajudas notificadas segue as disposições do Regulamento (CE) 659/1999 e desenvolve-se em duas etapas: a fase preliminar (fase 1) e a fase formal (fase 2).

A fase preliminar tem início com a notificação do projeto de ajuda, mas na prática a Comissão pode reunir-se com o Estado membro e fazer observações que se assimilam a recomendações. Segundo o artigo 4.º do Regulamento (CE) 659/99, a fase preliminar dura dois meses, ao final dos quais quatro hipóteses são possíveis: 1) a Comissão pode considerar que o projeto de ajuda não constitui uma ajuda de Estado (hipótese rara, em razão das reuniões prévias); 2) a Comissão pode concluir que o projeto de ajuda constitui uma ajuda de Estado, mas é compatível com o direito comunitário; 3) a Comissão não profere uma decisão no prazo estipulado e a ajuda é considerada autorizada;[120] 4) a Comissão tem uma dúvida séria sobre a compatibilidade do projeto de ajuda e decide abrir o procedimento formal de exame.

A fase formal pode ser iniciada pela Comissão depois da fase preliminar e vale para o controle tanto das ajudas existentes como das ajudas novas. É obrigatória quando a Comissão tem dúvidas

---

119. É necessário notar que o procedimento de controle das ajudas de Estado diz respeito às instituições comunitárias e aos Estados membros. A empresa beneficiária da ajuda não faz parte do procedimento.

120. É uma aprovação tácita, e essas ajudas são conhecidas como *ajudas Lorenz*, em razão da jurisprudência CJCE, 11 de dezembro de 1973, *Lorenz*, C-120/73.

sobre a qualificação ou compatibilidade da ajuda.[121] Ao final da fase formal, quatro tipos de decisão são possíveis: 1) a medida não é uma ajuda de Estado (pouco provável nessa etapa); 2) a medida é compatível com o direito comunitário (decisão positiva); 3) a medida é incompatível com o direito comunitário (decisão negativa); 4) a medida pode ser concedida sob certas condições, principalmente ligadas ao montante, destinação ou duração da ajuda (decisão condicional). Na hipótese de desrespeito de uma decisão condicional ou negativa por um Estado membro, a Comissão pode recorrer diretamente à Corte de Justiça.[122]

ii) O controle das ajudas ilegais

A ajuda é considerada ilegal se é concedida pelos Estados membros sem notificação ou se é posta em execução antes da decisão da Comissão. Quando a ajuda é considerada ilegal, fica sujeita a um exame preliminar,[123] que pode resultar em dois tipos de decisão: 1) ou o caso é encerrado em virtude da compatibilidade da ajuda com o direito comunitário; 2) ou a Comissão decide abrir o procedimento formal de exame.

Quando a Comissão recebe informações sobre uma ajuda supostamente ilegal, ela pede esclarecimentos ao Estado membro.

---

121. A decisão de abertura deve ser motivada e, se o Estado membro não responde ou não reage às observações das partes interessadas, a Comissão proferirá sua decisão final com base nas informações disponíveis, em um prazo de 18 meses contados da abertura do procedimento.

122. A Corte de Justiça das Comunidades Europeias foi criada pelo Tratado de Paris (CECA) em 1952 e está sediada em Luxemburgo (Grão-ducado). Sua tarefa é assegurar que a legislação da União Europeia seja interpretada e aplicada uniformemente em todos os Estados membros. A Corte pode ser acionada pela Comissão ou pelos Estados membros em caso de suspeita de violação de um tratado, em virtude dos artigos 258 a 260 do TFUE. Como guardiã dos tratados, a Comissão é obrigada a intevir quando constata a violação do direito comunitário pelos Estados membros.

123. Previsto nos artigos 10 a 15 do Regulamento 659/1999.

Se as informações solicitadas não são enviadas, a Comissão pode determinar a suspensão ou a recuperação da ajuda, até que decida sobre a compatibilidade com direito comunitário.[124] A recusa de um Estado membro em aceitar uma decisão de suspensão ou recuperação da ajuda habilita a Comissão a acionar diretamente a Corte de Justiça, a fim de que esta declare uma violação ao tratado.[125]

iii) O controle das ajudas existentes

O controle das ajudas existentes é permanente e os Estados membros são obrigados a manter a Comissão informada sobre esses tipos de auxílio.[126] De posse das informações, a Comissão

---

124. A recuperação provisória é feita sob três condições, segundo o Regulamento CE 659/1999 (artigos 10 a 14): 1) o caráter de ajuda da medida não gera dúvidas; 2) há urgência em agir; 3) existe um risco sério de prejuízo substancial e irreparável para um concorrente. Em matéria de recuperação de ajudas ilegais, a Comissão tem seu tempo para examinar e pode proferir uma decisão além do prazo de 18 meses previstos no regulamento. Se a Comissão consegue interromper a prescrição antes dos 10 anos, pode fazer recuperar a ajuda sem limitação de tempo, retroativamente a partir do momento em que a ajuda ilegal foi concedida. A Comissão tem a obrigação de ordenar aos Estados membros a recuperação da ajuda, o montante total e também os juros.

125. Se o Estado membro não obedece, a Comissão pode acioná-lo perante a Corte de Justiça por meio do procedimento de violação previsto no artigo 108, § 2, do TFUE.

126. Communier nos explica que: "Pela leitura dos relatórios anuais que lhe são enviados pelos Estados membros sobre os regimes de ajudas existentes, ou após as reuniões periódicas multilaterais evocadas com antecedência, ou ainda pelas reclamações feitas por terceiros, a Comissão pode concluir que um desses regimes deve ser modificado ou suprimido. Ela abre então o procedimento de controle com um pedido de informações ao Estado membro por meio de uma simples carta sobre o(s) regime(s) de ajudas existentes em questão. A abertura desse procedimento não implica uma suspensão da ajuda". COMMUNIER, Jean-Michel. Op. cit., p. 130.

pode considerar que a ajuda ou o regime de ajuda é compatível com o direito comunitário e o caso é encerrado, ou ela pode concluir pela incompatibilidade da ajuda e propor medidas úteis para fazer com que o auxílio esteja em conformidade com o direito comunitário. Nessa segunda hipótese, a Comissão pode sugerir ao Estado membro: "a) modificar a base do regime de ajudas em questão; b) introduzir um certo número de exigências procedimentais; c) suprimir o regime de ajudas em questão".[127]

Quando o Estado membro aceita toda ou parte da proposta de medida útil feita pela Comissão, ela torna-se obrigatória. Se o diálogo entre a Comissão e o Estado membro fracassa, e o Estado membro recusa a proposta, a Comissão é obrigada a abrir o procedimento formal de exame, ao final do qual as decisões de proibição, autorização ou concessão condicional da ajuda são possíveis.

B – Os casos particulares de controle das ajudas de Estado: os SIEG e os regulamentos de isenção

i) As ajudas de Estado para os Serviços de Interesse Econômico Geral (SIEG) segundo o artigo 106, § 2, do TFUE

As ajudas de Estado para os Serviços de Interesse Econômico Geral (SIEG)[128] receberam uma atenção especial da jurisprudência comunitária, que merece ser mencionada a título de exemplo ao Brasil, que nunca tratou da questão sob essa ótica. Uma atividade é qualificada de SIEG[129] se possui natureza econômica,

---

127. Segundo o artigo 18 do Regulamento 659/1999.

128. A Comissão distingue os Serviços de Interesse Econômico Geral (SIEG) e os Serviços de Interesse Geral Não Econômicos (SIGNE). Os primeiros cobrem os serviços comerciais, ao contrário dos segundos, que englobam somente serviços não comerciais.

129. Segundo o Livro Verde da Comissão, de 21 de maio de 2003, os SIEG são definidos como "atividades de serviço comercial que preenchem as mis-

apresenta caráter de interesse geral e se a empresa que presta esse serviço é investida dessa missão pelo poder público.

O Estado[130] pode transferir aos agentes privados a obrigação de realizar serviços públicos, mas certos tipos de serviço não podem ser prestados de maneira rentável ou satisfatória sem a ajuda pública, em razão de uma limitação financeira ou material do agente privado (sobretudo para serviços de rede, como transporte, serviços postais, energia e telecomunicações). Nesse caso, o Estado pode financiar o agente privado, calculando o sobrecusto ligado ao fornecimento do serviço.[131]

O artigo 106, § 2, do TFUE[132] contém uma disposição específica sobre SIEG: prevê que as empresas encarregadas da gestão de SIEG fiquem isentas da aplicação das regras de concorrência,

---

sões de interesse geral e submetidos pelos Estados membros às obrigações específicas do serviço público". Deve-se notar que o TFUE não define a noção de serviço público; ele é somente mencionado no artigo 93: "São compatíveis com os tratados as ajudas que atendem as necessidades da coordenação dos transportes ou que correspondem ao reembolso de certas servidões inerentes à noção de serviço público".

130. O SIEG está submetido ao direito comunitário das ajudas de Estado qualquer que seja a forma pela qual ele é exercido, e qualquer que seja a pessoa que o exerce (o Estado propriamente dito, uma coletividade local, uma empresa pública ou uma empresa privada delegatária de serviço público).

131. O financiamento do agente privado pelo Estado pode ser feito de várias formas, como as ajudas financeiras diretas (subsídios estatais, reduções de impostos), a atribuição de direitos especiais ou exclusivos (a instauração de um monopólio legal), o estabelecimento de uma tarifa média, ou o financiamento baseado na solidariedade nacional (quotizações de seguridade social). Entretanto, o financiamento dos SIEG deve respeitar as regras de concorrência, principalmente das ajudas de Estado.

132. Artigo 106, § 2, do TFUE: "As empresas incumbidas da gestão de serviços de interesse econômico geral ou apresentando a característica de um monopólio fiscal são submetidas às regras dos tratados, principalmente às regras de concorrência, nos limites em que a aplicação dessas regras não faça fracassar o cumprimento, de fato ou de direito, da missão particular

na medida em que essas regras fariam fracassar o cumprimento da missão que lhes foi atribuída. Para aplicar a exceção prevista no artigo 106, § 2, do TFUE, que dispensa a obrigação de notificar, a jurisprudência comunitária adotou a *abordagem compensatória*, segundo a qual não há ajuda de Estado quando o Estado compensa exatamente o sobrecusto originado das obrigações de serviço público, sem dar nenhuma vantagem ao beneficiário.

Na célebre decisão *Altmark*,[133] a Corte de Justiça manteve a abordagem compensatória,[134] impondo quatro condições para que uma compensação de serviço público não seja considerada uma ajuda de Estado: 1) a empresa beneficiária deve estar efetivamente incumbida de uma missão de serviço público; 2) a compensação é calculada com base em parâmetros objetivos, transparentes e previamente estabelecidos; 3) a compensação é equivalente aos encargos da missão de serviço público (uma subcompensação é possível, mas a supercompensação é proibida); 4) a escolha da empresa deve ser feita por meio de um processo concorrencial, transparente e não discriminatório, permitindo selecionar o candidato capaz de fornecer os serviços ao melhor custo para a coletividade. Na ausência de um processo concorrencial, porém, os custos devem ser calculados baseando-se em uma empresa *bem gerida e adequadamente equipada.*[135]

A subjetividade do quarto critério da decisão *Altmark* levou a Comissão a precisar sob quais condições as compensações são compatíveis com o artigo 106, § 2, do TFUE e não submetidas à

---

que lhes foi atribuída. O desenvolvimento do comércio não deve ser afetado por uma medida contrária ao interesse da União".

133. CJCE, 24 de julho de 2003, *Altmark Trans GmbH*, C-280-00.

134. Ponto 87 da decisão *Altmark*.

135. CJCE, 1.º de julho de 2008, *Chronopost SA, La Poste c/ Union française de l'Express (UFEX) e.a.*, C-341/06 e C-342/06.

obrigação de notificação prévia.[136] A partir de uma nova decisão (conhecida como *pequenos SIEG*), um regulamento e uma diretiva, a Comissão passou a raciocinar em três tempos: 1) se a medida preenche completamente os quatro critérios da decisão *Altmark*, não há ajuda de Estado; 2) se a medida não se enquadra na decisão *Altmark*, mas está inserida no campo de aplicação da decisão *pequenos SIEG*,[137] há ajuda de Estado, mas a compatibilidade com o direito comunitário é presumida, portanto a notificação não é necessária; 3) se a medida não está inserida nos critérios da decisão *Altmark*, nem da decisão *pequenos SIEG*, é necessário verificar as disposições do Regulamento 2005/c 297/04.[138]

---

136. Quatro medidas foram tomadas pela Comissão: 1) a adoção de uma *decisão* declarando compatíveis as ajudas de Estado concedidas sob a forma de compensações de serviço público às empresas encarregadas da gestão de pequenos SIEG, baseada no artigo 106 do Tratado TFUE; 2) um *regulamento* sobre os critérios de compatibilidade aplicáveis aos outros tipos de compensações; 3) a modificação da Diretiva 80/723/CEE relativa à *transparência* das relações financeiras entre os Estados membros e as empresas públicas; 4) o *esclarecimento dos critérios* definidos pela Corte de Justiça na decisão Altmark. As três primeiras propostas foram adotadas pela Comissão em 28 de novembro de 2005, formando o "*Pacote Monti-Kroes*": 1) a decisão 2005/842/CE, 2) o Regulamento 2005/c 297/04 e 3) a diretiva transparência 205/81/CE.

137. A decisão *Pequenos SIEG* trata de duas categorias de compensações: 1) empresas cujo faturamento anual líquido não atinge 100 milhões de euros no curso dos dois últimos exercícios, e pelos quais o montante anual de compensação pelo serviço em questão não atinge 30 milhões de euros (incluindo todos os setores, exceto aqueles excluídos do campo de aplicação da decisão, como os transportes); 2) setores específicos, como hospitais, alojamentos sociais, ligações aéreas ou marítimas com ilhas e aeroportos.

138. O Regulamento 2005/c 297/04 vai apresentar os critérios de compatibilidade com o mercado comum das compensações de serviço público constitutivos de ajudas de Estado que não entram no campo de aplicação da decisão, mas que são objeto de notificação prévia. Ele dispõe sobre a maneira pela qual a Comissão apreende a análise da compatibilidade das compensações de serviço público com o mercado comum. O regulamento

ii) As ajudas de Estado dispensadas de notificação prévia à Comissão Europeia: o Regulamento Geral de Isenção por Categoria e o regulamento de isenção de minimis

Por princípio, as ajudas de Estado são incompatíveis com o direito comunitário, mas essa interdição não é absoluta nem incondicional. Existem três grandes categorias de isenções à proibição geral prevista no artigo 107, § 1, do TFUE: 1) as isenções automáticas; 2) as isenções discricionárias; e 3) as isenções regulamentares.

As *isenções automáticas* estão detalhadas no artigo 107, § 2, do TFUE,[139] que estabelece uma compatibilidade de princípio. Contudo, a exceção ao princípio da interdição é interpretada de uma maneira estrita e submetida a um duplo controle da Comissão e jurisdições comunitárias.

As *isenções discricionárias* estão previstas no artigo 107, § 3, do TFUE. A Comissão guarda o poder discricionário[140] de declarar as ajudas compatíveis com o mercado comum após examinar os efeitos pró-concorrenciais e anticoncorrenciais da medida. Há várias categorias de ajudas que podem ser isentas: as ajudas com finalidade regional,[141] as ajudas ligadas a circunstâncias excepcio-

---

é adotado com uma duração limitada, no caso 6 anos após sua entrada em vigor.

139. O artigo 107, § 2, do TFUE estabelece serem compatíveis de pleno direito com o mercado comum três categorias de ajudas específicas: a) as ajudas de caráter social concedidas a consumidores individuais; b) as ajudas concedidas pelos Estados membros a fim de remediar os danos provocados por calamidades naturais ou outros eventos extraordinários; c) as ajudas justificadas pela divisão da Alemanha.

140. CJCE, 17 de setembro de 1980, *Philip Morris Holland BV c/ Commission*, C-730/79.

141. Quantitativa e historicamente, as ajudas mais importantes são as ajudas à finalidade regional, principalmente as ajudas às regiões cujo nível de vida é anormalmente baixo e que sofrem de grave subemprego. Essas ajudas

nais relativas a perturbações graves da economia de um ou vários Estados membros, as ajudas destinadas a promover a cultura e a preservação do patrimônio, e outras categorias de ajudas que seriam colocadas em prática por decisão do Conselho, propostas pela Comissão.

Para as *isenções regulamentares* a Comissão dispõe de regulamentos e da *soft law*. Os regulamentos de isenção e as orientações têm por objetivo isentar os Estados membros da obrigação de notificar. O Regulamento Geral de Isenções por Categoria (RGIC) 800/2008[142] substituiu os cinco regulamentos existentes sobre a matéria e estabeleceu como princípio que todos os regulamentos de isenção devem ter uma duração limitada no tempo. O regulamento *de minimis* (Regulamento CE 1998/2006, de 15 de dezembro de 2006)[143] aplica-se às ajudas transparentes[144] de todos os setores, salvo por algumas exceções.[145] Toda a ajuda *de*

---

repousam sobre dois elementos fundamentais: a cartografia e a negociação com os Estados membros sobre as ajudas que serão concedidas por um período quinquenal em uma região determinada.

142. O RGIC 800/2008, de 6 agosto de 2008, integra alguns elementos da *soft law* e está em vigor desde 29 de setembro de 2008 até 21 de dezembro de 2013. Ele permite evitar a notificação prévia de um certo número de ajudas, porém as medidas que não estão contidas no regulamento exigem a notificação prévia, em particular as ajudas de emergência e reestruturação.

143. O considerando 8 do Regulamento dispõe que: "Pode ser estabelecido, à luz da experiência da Comissão, que as ajudas que não excedem um teto de 200 000 EUR sobre um período de três anos, não afetam o comércio entre os Estados membros e/ou não falseiam ou ameaçam falsear a concorrência, e não recaem, por consequência, no artigo 87 [atualmente artigo 107 do Tratado TFUE], parágrafo 1, do tratado".

144. Segundo o regulamento *de minimis*: "Por ajuda transparente entende-se uma ajuda em que é possível calcular precisamente e previamente o equivalente-subsídio bruto, sem que seja necessário efetuar uma análise de risco".

145. Segundo o artigo 1.º do Regulamento *de minimis*: as empresas ativas nos setores da pesca e aquacultura, as ajudas concedidas às empresas ativas na

minimis pode ser concedida sem notificação ou outra exigência, desde que seja transparente e que o valor fixado pelo regulamento seja observado.[146] O regulamento *de minimis* é, sem dúvida, o aspecto mais simplificador do conjunto de dispositivos em termos de procedimento e isenção.

Em todos os casos, é necessário respeitar certos princípios. Para que uma ajuda seja compatível, deve contribuir para a realização de objetivos comunitários mais amplos, pois o interesse comunitário deve prevalecer. Toda a comunidade deve beneficiar-se, direta ou indiretamente, das vantagens concedidas a uma ou várias empresas.

§ 2 – A ausência de um procedimento de controle das ajudas de Estado no Brasil e a jurisprudência brasileira sobre a matéria

A – A aceitação implícita das ajudas de Estado no interesse do desenvolvimento econômico e da política industrial

A ausência de um procedimento de controle das ajudas de Estado no Brasil não impede que as autoridades concorrenciais

---

produção primária de produtos agrícolas, as ajudas concedidas às empresas ativas na transformação e comercialização de produtos agrícolas (em certos casos), as ajudas em favor das atividades ligadas à exportação para outros países ou Estados membros, as ajudas subordinadas à utilização de produtos nacionais em preferência aos produtos importados, as ajudas concedidas às empresas por suas atividades no setor de carvão, as ajudas visando à aquisição de veículos de transporte rodoviário de mercadorias por empresas realizando o transporte de mercadorias de terceiros, as ajudas concedidas às empresas em dificuldade.

146. O parâmetro de 200.000 euros em três anos é uma referência geral (para o transporte rodoviário, o teto é reduzido a 100.000 euros). Se o limite é excedido, o montante da ajuda ilegal que deve restituído não é a diferença entre os valores estipulados pelo regulamento, mas a totalidade da ajuda e o excedente. Quando um Estado membro concede uma ajuda *de minimis* a um beneficiário, o acúmulo com outra ajuda isenta não deve ultrapassar o montante ou o máximo admissível.

brasileiras reconheçam a integração entre o direito da concorrência e a política industrial.[147] Por ocasião do julgamento de um ato de concentração econômica entre duas grandes empresas do setor de tecnologia da informação, o CADE destacou que a inserção de um setor na política industrial se produz em razão de sua importância estratégica para a economia nacional. Assim, "privilegiar o setor de *software* numa PI [política industrial] significa estimular a consolidação da indústria brasileira".[148]

Detalhando seu entendimento, o CADE afirma que: "As medidas da atual política industrial parecem incorporar essa direção, priorizando o ciclo de negócios e de vendas da indústria. Como a presença das empresas brasileiras é maior em segmentos com baixas barreiras à entrada, em que predomina a tendência dispersiva com elevado número de empresas, o caminho para alcançar níveis elevados de densidade tecnológica tem envolvido incentivos para concentrações empresariais. Esse é um elemento central na atual Política Industrial!". Em geral, as empresas que fazem parte da política industrial brasileira são elegíveis para receber ajudas financeiras do BNDES.[149]

O CADE concluiu: "Uma possível convergência entre concorrência e política industrial nesse setor parece não estar, primordialmente, na diluição do mercado independentemente do

---

147. Segundo o CADE: "As políticas industriais, em geral, consistem em um conjunto de medidas patrocinadas pelo Estado para alcançar mudanças estruturais necessárias ao desenvolvimento, associadas ao fomento da indústria doméstica (A. Sigh), ou ainda, de maneira mais específica, em um conjunto de ações microeconômicas destinado a setores industriais específicos para a obtenção de resultados perseguidos pelo Estado, relacionados a ganhos de eficiência para a economia como um todo (Chang)".

148. Ato de Concentração 08012.008355/2008-85, Totvs S.A. e Datasul S.A., julgado em 5 de agosto de 2009.

149. Em agosto de 2008, o BNDES aprovou um empréstimo de R$ 404,5 milhões à empresa Totvs para a aquisição do concorrente Datasul, tendo uma participação acionária de 5,27% na ocasião.

contexto competitivo, mas sim num possível aumento da rivalidade nos segmentos de alta densidade tecnológica, com substanciais investimentos em inovação e, em geral, mais concentrados".[150]

Na jurisprudência comentada, notamos que o CADE levou em consideração a política industrial no momento de examinar e aprovar o ato de concentração econômica. Entretanto, não podemos afirmar que esse entendimento é normalmente adotado pelo CADE. A política industrial não é uma justificativa suficiente para a aprovação de operações que produzem altos níveis de concentração. Por exemplo, o argumento de que a criação de um grande exportador nacional irá aumentar as vendas dos produtos brasileiros no exterior não é capaz de convencer o CADE a aprovar concentrações econômicas sensíveis.[151] A autoridade brasileira preocupa-se com o mercado nacional, e as decisões positivas baseiam-se em um balanço concorrencial favorável.

B – A incompetência do Conselho Administrativo de Defesa Econômica (CADE) no exame dos incentivos fiscais regionais

O impacto concorrencial dos incentivos fiscais regionais já foi submetido ao exame do CADE em uma consulta.[152] Segundo o artigo 102 da antiga Resolução 45/2007 do CADE, as consultas deveriam apresentar uma questão hipotética ao

---

150. O CADE destaca os objetivos da política industrial para o setor da tecnologia da informação: 1) exportar US$ 3,5 bilhões em 2010; 2) 100.000 empregos até 2010; 3) consolidar dois grupos ou empresas de tecnologia nacionais que tenham um faturamento superior a R$ 1 bilhão; 4) ampliar a inserção internacional; 5) melhorar o investimento em capacitação tecnológica; 6) fortalecer as empresas brasileiras de tecnologia nacional, apoiando a consolidação de empresas; 7) consolidar e fortalecer a marca "Brazil IT".

151. Encontramos esse argumento, por exemplo, no Ato de Concentração entre Sadia e Perdigão, as duas maiores empresas brasileiras do setor de carnes e alimentação (AC 08012.004423/2009-18).

152. Consulta 38/1999, feita por Pensamento Nacional das Bases Empresariais – PNBE, julgada em 22 de março de 2000.

Conselho, portanto a única jurisprudência sobre a matéria não trata de um caso concreto. Roberto Codorniz Leite Pereira[153] comenta que: "Com relação a este tema, é curioso observar que, até o momento, não houve qualquer decisão administrativa do CADE sobre o assunto. Tanto em matéria de comércio interestadual como em matéria de comércio internacional, o CADE se manteve quase que totalmente afastado de discussões quanto aos impactos causados à concorrência em virtude da concessão de ajudas de estado, deixando de se pronunciar quanto à legalidade e à legitimidade de auxílios fiscais e financeiros concedidos em desacordo com a Lei de Defesa da Concorrência (Lei n. 8884/1994)".

Na consulta, a consulente procurava saber se a "guerra fiscal" poderia limitar, falsear ou prejudicar a concorrência. Como vimos, a guerra fiscal é o resultado de diferentes políticas regionais dos estados brasileiros para reduzir as taxas do ICMS visando atrair investimentos privados.

Segundo o CADE, a forma pela qual a isenção é concedida é indiferente, porque a concessão tanto de incentivos puramente fiscais como de incentivos financeiro-fiscais tem o mesmo efeito sobre o custo de funcionamento das empresas beneficiadas e sobre os mercados nos quais elas atuam. Assim, uma empresa beneficiada com o incentivo fiscal de um estado, possuiria uma vantagem sobre os demais concorrentes. Poderia reduzir seu preço com relação às empresas não beneficiadas, já que arcaria com menor ônus tributário em sua estrutura de formação de preço. Poderia também manter seus preços no patamar de mercado, auferindo renda adicional em comparação com os concorrentes.

153. PEREIRA, Roberto Codorniz Leite. O tratamento jurídico do controle das ajudas de Estado e as suas repercussões concorrenciais, *Revista do IBRAC*, v. 18, p. 227, 2010.

Segundo Ary Oswaldo Mattos Filho,[154] citado pelo CADE, "a concessão de qualquer incentivo, tributário ou financeiro, pode reduzir dramaticamente o custo final da mercadoria produzida, alterando na mesma proporção as respectivas fatias de mercado de um dado bem". Assim, o CADE concluiu que a guerra fiscal "tem um efeito gigantesco sobre a lucratividade das empresas beneficiadas, propiciando-lhes condições de funcionamento significativamente desiguais e vantajosas com relação às demais empresas que concorram no mesmo mercado".

O sistema jurídico brasileiro prevê como legítima a concessão de uma ajuda a uma região menos favorecida, incentivando, por exemplo, o estabelecimento de novas empresas para difundir o progresso tecnológico ou o emprego, e assim reduzir as disparidades regionais. Contudo, há um procedimento especial previsto na Lei Complementar 24/1975,[155] segundo o qual a realização de convenções entre os estados brasileiros e o Distrito Federal aprovadas por unanimidade pelo CONFAZ é uma condição *sine qua non* para a concessão de incentivos fiscais.[156]

---

154. MATTOS FILHO, Ary Oswaldo. Guerra fiscal e o papel do STF, *Gazeta Mercantil*, de 3 de fevereiro de 2000, p. A-3, apud voto do CADE.

155. Constituição Federal, artigo 152: "É vedado aos Estados, ao Distrito Federal e aos Municípios estabelecer diferença tributária entre bens e serviços, de qualquer natureza, em razão de sua procedência ou destino". Artigo 155, § 2.º, XII, *g*: "Cabe à Lei Complementar regular a forma como, mediante deliberação dos Estados e do Distrito Federal, isenções, incentivos e benefícios fiscais serão concedidos e revogados".

156. Comparando o Brasil e a União Europeia, o CADE concluiu que: "Da mesma forma como no caso da União Européia, também no Brasil a regra é o funcionamento do mercado sujeito à livre concorrência. Incentivos fiscais e benefícios equivalentes que buscam objetivo específico de reduzir desigualdades regionais, podem ser admitidos como exceção, desde que 1) sejam concedidos pela União, que por definição representa os interesses de todos os habitantes, ou 2) sejam concedidos pelas unidades (Estados aqui ou países membros lá), desde que de acordo com regras acordadas entre

O CADE admitiu sua competência "para analisar se a guerra fiscal pode afetar a promoção dessa economia competitiva e limitar a concorrência", mas não interveio diretamente na questão. Note-se que o CADE compreendeu os limites de sua atuação, afirmando que os incentivos fiscais concedidos sob a forma prevista no texto constitucional e na lei complementar podem ser considerados adequados para sustentar a causa constitucionalmente legítima de redução das disparidades regionais. Esse objetivo seria garantido pela forma da concessão (por meio da União Federal ou pela unanimidade dos estados), cuidando para que o interesse nacional seja sempre levado em consideração.

Segundo o CADE, se a União Federal (em defesa do interesse nacional) ou os estados (por unanimidade) decidem conceder uma isenção ou incentivo, "é razoável presumir que as restrições a outros objetivos constitucionais (como à neutralidade e isonomia tributárias, bem como à concorrência) foram consideradas, e que se chegou à conclusão de que os benefícios derivados do incentivo, no montante e para a região acordada, superariam tais preocupações ao adequadamente estimular o desenvolvimento regional, em obediência ao respectivo princípio constitucional da ordem econômica. É uma presunção formal, não há dúvida, mas formal no sentido da forma que o constituinte considerou adequada para defender o interesse público. Assim, nesses casos, seria justificável a relativização do princípio igualmente constitucional da livre concorrência, admitindo-se tal abrandamento em função do atendimento – na forma e montante adequados para tal – do outro princípio da redução das desigualdades regionais, por decisão das autoridades competentes para tal".

O ponto crucial da argumentação do CADE reside na suposição de que a escolha entre os benefícios da ajuda de Estado e a restrição à concorrência foi feita previamente pelo legislador.

---

todos os membros, seja caso a caso, com aprovação unânime do Confaz, ou de forma prévia, segundo o NUTS e fiscalizado pela Comissão".

No entanto, o raciocínio do CADE merece críticas. O CADE partiu da premissa de que o legislador fez um balanço entre os benefícios decorrentes do incentivo e as perdas provenientes das restrições à concorrência (e à neutralidade e à isonomia). E que esse balanço foi favorável aos benefícios do incentivo, em relação aos déficits concorrenciais. Contudo, trata-se de uma presunção abstrata e generalista, que não considera os efeitos concorrenciais concretos sobre o mercado. O impacto das ajudas de Estado sobre a concorrência deve ser examinado caso a caso, pois cada medida gera efeitos singulares sobre a concorrência. Não é possível assumir que para todas as hipóteses de ajudas de Estado o legislador tenha escolhido os benefícios da medida de ajuda em detrimento da concorrência.

A atuação do CADE para intervir diretamente na questão da guerra fiscal ou de outras medidas de ajudas de Estado concedidas no Brasil é limitada pela própria legislação. O CADE é competente para zelar pelo respeito à Lei de Defesa da Concorrência brasileira, mas essa lei não lhe dá competência específica para controlar as ajudas de Estado. Em outras palavras, o CADE é competente para prevenir e reprimir as infrações contra a ordem econômica unicamente por meio dos procedimentos de controle das concentrações econômicas e condutas anticompetitivas. Por essa razão, o CADE se declarou competente exclusivamente para responder à consulta sobre a matéria concorrencial da guerra fiscal, sem tomar medidas pró-ativas.

Os limites de competência do CADE para agir sobre os auxílios estatais foram bem esclarecidos na jurisprudência comentada. Nessa decisão, o CADE explicita que: "Assim, dado que a eficiente alocação de recursos na economia é uma das principais preocupações do direito da concorrência, fica clara a configuração da competência do CADE para conhecer da Consulta em tela". E reforça que a delimitação da competência estava prevista na Lei 8.884/1994: "Ao CADE cabe, neste momento e no estrito desempenho dos poderes-deveres previstos no artigo 7.º da Lei de Defesa da Concorrência, 'responder a consultas sobre matéria de sua competência' (inciso XVII) e 'instruir o público sobre as formas de infração da ordem econômica' (inciso XVIII)".[157]

Apesar de seu papel de guardião da concorrência, a legislação em vigor impede o CADE de agir diretamente sobre as ajudas de Estado que afetam o mercado brasileiro. De mãos atadas, não há outra solução senão acompanhar a questão tangencialmente, fornecendo o apoio necessário às demais autoridades e instituições brasileiras.[158] Assim, ao final de sua decisão, o CADE concluiu que: "Dada a patente relação do tema com a defesa da concorrência, o CADE permanece passível de engajamento no debate, dentro evidentemente da sua esfera de competência legal".

157. Idêntica previsão encontra-se no artigo 9.º da Lei 12.529/2011: "§ 4.º O Tribunal poderá responder consultas sobre condutas em andamento, mediante pagamento de taxa e acompanhadas dos respectivos documentos. § 5.º O CADE definirá, em resolução, normas complementares sobre o procedimento de consultas previsto no § 4.º deste artigo".

158. O CADE enviou uma cópia da sua decisão à Câmara dos Deputados, ao Supremo Tribunal Federal e ao CONFAZ, destacando que permanecerá à disposição para auxiliar o trabalho das instituições no que concerne à "criação e manutenção de um sistema tributário eficiente e, principalmente, concorrencialmente saudável".

Segunda Parte

A AVALIAÇÃO DO MODELO DE CONTROLE DAS AJUDAS DE ESTADO ADOTADO NA UNIÃO EUROPEIA E SUA APLICAÇÃO NO BRASIL

Na segunda parte deste trabalho, poderemos avaliar os principais desafios enfrentados pela União Europeia para a condução e a manutenção do sistema de controle das ajudas de Estado, e compará-los com os desafios que o Brasil enfrentaria caso viesse a optar pela criação de um sistema semelhante. Será possível verificar a natureza de cada problema e avaliar seu nível de dificuldade para ultrapassá-lo. A partir do exemplo europeu, poderemos estimar a conveniência para o Brasil de construir um sistema de controle dos auxílios estatais inspirado no modelo europeu.

No Capítulo 1, verificaremos se o controle das ajudas de Estado afeta a competitividade da Europa em face do comércio internacional e da soberania dos Estados membros. Poderemos observar a reação da Comissão em momentos economicamente críticos, como durante a crise econômica de 2008, e conhecer a reforma da política das ajudas de Estado proposta pela Comissão para melhorar o sistema. Em seguida, mostraremos como as decisões da Comissão são aplicadas e executadas pelos Estados membros, com o propósito de confrontar esses mecanismos com a situação brasileira.

No Capítulo 2, conheceremos os principais desafios que o Brasil enfrentaria para criar um sistema brasileiro de controle das ajudas de Estado, e as adaptações necessárias nos níveis estrutural, legal, político e institucional. O panorama brasileiro nos permitirá avaliar se o CADE tem o poder e o dever de controlar os auxílios estatais, especialmente no contexto do novo Sistema Brasileiro de Defesa da Concorrência instituído pela Lei 12.529/2011.

Capítulo 1

A avaliação da aplicação do modelo europeu de controle das ajudas de Estado

A avaliação dos fatores de sucesso e das dificuldades do sistema europeu de controle das ajudas de Estado nos permitirá verificar como a Comissão reagiu durante a crise econômica de 2008 (Seção 1), e quais são as reformas propostas pela Comissão para aperfeiçoar o sistema e garantir a proteção à concorrência no Mercado Comum Europeu (Seção 2).

Seção 1 – Os principais problemas e desafios enfrentados pela União Europeia para controlar as ajudas de Estado

As ajudas de Estado podem fortalecer certos agentes econômicos perante o comércio internacional. No Brasil, a criação dos "campeões nacionais" foi uma das justificativas utilizadas pelo governo para conceder vantagens a determinadas empresas brasileiras que tinham o potencial de melhor concorrer no exterior e de contribuir para reforçar a imagem do País no cenário internacional. Entretanto, essa ajuda às empresas na concorrência internacional gera efeitos diretos sobre a concorrência nacional, com a empresa beneficiária passando a ter uma dupla vantagem com relação aos concorrentes que atuam no mercado nacional.[159]

O controle das ajudas de Estado brasileiras mediria o impacto dessa vantagem sobre a concorrência interna, demonstrando quais os riscos concorrenciais que seriam suportados pelo mercado. A proibição de um auxílio seria baseada em estudos precisos sobre o mercado nacional capazes de demonstrar as consequências nocivas à concorrência. O controle das ajudas de Estado não representaria uma limitação à soberania; seria o resultado de uma escolha social dirigida para a proteção da concorrência, segundo princípios comunitários ou constitucionais.

Uma das questões mais sensíveis para a introdução de um sistema de controle das ajudas de Estado no Brasil seria a capacidade de contornar a complexidade do sistema diante de uma situação de urgência, que exigiria uma flexibilidade do procedimento e uma reação instantânea da autoridade da concorrência. A crise econômica de 2008 é um exemplo notável. Além dos esforços pessoais, a Comissão abrandou a interpretação do TFUE e desburocratizou o procedimento. A resposta da Comissão durante a crise merece ser estudada para servir de referência ao Brasil.

---

159. Paula Forgioni comenta o dilema afrontado pela União de que, "a fim de permitir o fortalecimento de uma indústria 'européia', acaba por anuir à criação de agentes nacionais com elevado poder econômico, aptos a prejudicar o desenvolvimento de atividades de empresas de outros Estados membros. É interessante notar que, em um primeiro momento, acreditou-se que as concentrações e os acordos entre empresas se dariam entre agentes econômicos situados em diversos países da comunidade, criando, assim, os 'campeões europeus'. A realidade, entretanto, mostrou-se bem outra, já que, inclusive por motivos fiscais, as concentrações acabaram por realizar-se a nível dos mercados internos dos Estados membros" (op. cit., p. 169).

§ 1 – A competitividade e a soberania dos Estados membros submetidos ao controle das ajudas de Estado

A – A competitividade da Europa em face do comércio internacional: o controle das ajudas de Estado é suscetível de afetar o crescimento econômico das empresas europeias?

A competitividade de um país é a capacidade de as empresas implantadas em seu território manterem a concorrência e serem bem-sucedidas nos mercados nacionais e internacionais. A capacidade das empresas europeias de enfrentarem com sucesso a concorrência internacional é medida de diversas maneiras (produtividade da mão de obra, exportação, tecnologia etc.).[160] Se, de um lado, o sistema de controle das ajudas de Estado estabelecido pela União Europeia visa manter uma concorrência igualitária e saudável no mercado comum, de outro lado podemos nos perguntar qual seria a situação dos Estados europeus diante de países estrangeiros que não possuem nenhuma espécie de controle sobre esse tipo de medida.

A competitividade internacional estimula os países a pôr em prática regimes de ajudas públicas em favor de suas empresas nacionais. No cenário internacional, as ajudas de Estado são concedidas pelos países que visam obter uma vantagem concorrencial em relação aos países concorrentes, "mas, de qualquer forma, o resultado é uma distorção das condições de concorrência que coloca em desvantagem naturalmente os agentes econômicos que

---

160. Ver, por exemplo, as conclusões do centro de pesquisas sobre a Europa da Fundação Robert Shuman a respeito da competitividade das empresas europeias, disponível em: <http://www.robert-schuman.eu/question_europe.php?num=qe-60>. O estudo faz referência também ao *Tableau de bord de l'attractivité de l'Europe* publicado pela Agência Francesa para Investimentos Internacionais (AFII) em 2007, que contém uma radiografia econômica da União Europeia visando atrair investidores estrangeiros.

são, aliás, sujeitos às disciplinas europeias e internacionais mais restritas em matéria de ajudas que as demais".[161]

As autoridades europeias da concorrência procuram resguardar o equilíbrio entre a competitividade interna do mercado comum e a competitividade mundial dos Estados membros. O objetivo é não desfavorecer as empresas que atuam no mercado comunitário em relação aos concorrentes internacionais que possuem regras de concorrência menos rigorosas. Os subsídios que os países estrangeiros oferecem às suas indústrias nacionais são um dos fatores que dificultam o acesso das empresas europeias aos mercados internacionais. "Há relativamente poucos países da OCDE que escolheram instaurar regras para controlar o nível de subsídios e de concorrência entre as políticas nacionais de ajuda. Os países emergentes que fazem o mesmo são ainda em menor número."[162]

Para defender seus interesses, a União Europeia dispõe de instrumentos de defesa comercial consagrados ou autorizados pelos acordos da OMC e vias de negociação internacionais. Por outro lado, os agentes econômicos não são atores diretos na OMC, pois não são autorizados a participar do sistema de solução de controvérsias. Desse modo, o apoio da União Europeia às empresas europeias é necessário para a manutenção do nível de competitividade externa da Europa.

As eventuais dificuldades de competitividade internacional das empresas europeias em razão da legislação comunitária de proteção à concorrência (em especial as ajudas de Estado) não são pretexto suficiente para afastar ou enfraquecer o quadro jurídico concorrencial construído desde a criação da União

---

161. KAZZI, Habib. Aides d'État et compétitivité des entreprises communautaires, *Revue Internationale de Droit Économique*, t. XXI, n. 4, p. 441-447, 2007.

162. Idem, ibidem.

Europeia. A legislação concorrencial não é vista como um entrave ao desenvolvimento das empresas. A própria Comissão notou que: "incentivar a concorrência interna dentro do mercado comum representa igualmente um dos melhores motores da competitividade externa das empresas europeias".[163]

Na comunicação intitulada *Uma política industrial integrada à era da mundialização*, publicada em 2010, a Comissão reconheceu que o sucesso das empresas europeias na nova economia mundial dependia da sua capacidade de ingressar nos mercados internacionais e explorar as cadeias de valor mundiais.[164] Em 2010, a Comissão insistiu na necessidade de conceder um lugar central à indústria "para que a Europa continue sendo um ator econômico mundial de primeiro plano". Num contexto de intensificação da mundialização, a nova abordagem abandona o conceito de setores e indústrias nacionais em benefício de uma estratégia europeia coordenada. Segundo a Comissão, a ideia de setores nacionais e indústrias nacionais com pouca interação com outros setores ou o resto do mundo, afasta-se da realidade. "Hoje é cada vez mais importante identificar os interesses industriais europeus estratégicos, e respostas políticas nacionais não coordenadas devem ceder lugar a respostas políticas europeias coordenadas."[165] A nova governança europeia propõe melhorias na coordenação e interação de diferentes políticas que tenham incidência sobre a competitividade.

---

163. Painel de avaliação das ajudas de Estado, relatório da primavera 2007.

164. Nesse sentido, ver as comunicações da Comissão: *Um ato para o mercado único* – COM (2010) 608/5; *A política comercial no centro da estratégia Europa 2020* – COM (2010) 612; *Uma política industrial integrada no momento da mundialização* – COM (2010) 614.

165. No contexto da estratégia Europa 2020, a Comissão apresentará regularmente relatórios sobre as políticas e o desempenho da União Europeia e dos Estados membros em matéria de competitividade e estratégia industrial.

Segundo o exemplo europeu, o sistema de controle das ajudas de Estado não impediu as empresas europeias de manterem uma posição de importância no cenário competitivo internacional. Os mecanismos da OMC e do direito comunitário estão disponíveis para proteger as empresas vítimas de competição internacional desleal. Numa relação de causa e efeito, não podemos afirmar que o controle das ajudas de Estado que tem por objetivo a proteção da concorrência interna é suscetível de afetar o crescimento econômico ou a competitividade internacional das empresas europeias. Parece-nos que o temor da falta de competitividade internacional é um argumento frágil e insuficiente para recusar a adoção de um sistema de controle das ajudas de Estado, tanto em nível supranacional quanto nacional.

B – A manutenção do mercado comum em detrimento dos mercados nacionais: os limites da soberania dos Estados membros

A formação da União Europeia introduziu uma nova estrutura que ultrapassou a antiga organização dos Estados soberanos. A soberania (privilégio exclusivo do Estado membro) sofreu uma espécie de autolimitação recíproca e definitiva, uma vez que os Estados membros não podem agir isoladamente. Para Scandamis,[166] o novo regime (que o autor chama de "*a-souveraineté*"), constitui uma derrogação do direito internacional, porque a comunidade europeia adquiriu direitos soberanos, mesmo sendo privada de uma força material análoga ao poder estatal. Ela mantém a antiga estrutura dos Estados soberanos, introduzindo uma nova estrutura que a ultrapassa. "Nesse caso, a soberania do Estado membro é mantida apenas a título interno, na verdade como organização própria do Estado, como o conjunto de órgãos agindo de maneira competente segundo sua Constituição (prin-

---

166. SCANDAMIS, Nikos. *Le paradigme de la gouvernance européenne – entre souveraineté et marché*, Bruxellers, Bruyant, 2009, p. 196.

cípio da autonomia constitucional do Estado membro), que tende contudo a aplicar-se para o resto, como competência relacionada."

Nesse contexto, o mercado nacional de cada Estado membro cede lugar a um mercado mais extenso que ultrapassa o território nacional e se estende até os limites da União Europeia. Os Estados membros são obrigados a manter o mercado comum, com o mesmo nível de cuidado que dedicam normalmente a seus próprios mercados nacionais.

A liberdade de agir dos Estados membros sobre os mercados nacionais vai sofrer uma limitação diante da prevalência do direito comunitário sobre o direito nacional. A limitação da soberania dos Estados membros se faz sentir no domínio das ajudas de Estado, já que eles não podem tomar a iniciativa de ajudar as empresas nacionais da maneira que julgarem mais conveniente. Por essa razão, certos Estados membros são mais resistentes a aceitar a política de controle das ajudas de Estado que outros.

Contudo, um certo grau de autonomia sobre seus respectivos mercados nacionais é deixado aos Estados membros pela presunção de compatibilidade de certos tipos de ajudas com o direito comunitário. Por exemplo, os Estados são livres para conceder as ajudas *de minimis* sem a obrigação de notificar por um montante máximo de 200 mil euros em três anos (exceção feita para as ajudas ao transporte rodoviário). Quando essas ajudas são inofensivas para a concorrência do mercado comum e nos limites previstos pelo direito comunitário, os Estados membros são autorizados a desfrutar de um poder discricionário para a concessão dos auxílios estatais.

Em um sistema nacional como o Brasil, a soberania não sofreria nenhuma limitação, ao contrário do sistema supranacional da União Europeia. Na Europa, o controle das ajudas de Estado visa manter a ordem concorrencial, porque o exercício ilimitado da soberania pelos Estados membros significaria o fracasso do mercado comum. No sistema supranacional, onde a individualidade dos Estados é substituída por uma estrutura coletiva predominante, o controle das ajudas de Estado é necessário. Todavia, independentemente do sistema político adotado, a implantação no Brasil de um sistema de controle de auxílios estatais segue o mesmo raciocínio: ele teria por meta proteger a concorrência no mercado interno brasileiro, da mesma maneira que o objetivo europeu é proteger o mercado comum.

§ 2 – A crise econômica de 2008 como exemplo de flexibilidade da Comissão Europeia em face de uma situação de urgência

Uma das questões mais sensíveis para a promoção de um sistema de controle das ajudas de Estado no Brasil é colocá-lo efetivamente em prática. Infelizmente, o Brasil ainda não conta com uma estrutura administrativa capaz de adicionar um terceiro sistema de controle concorrencial às ajudas de Estado, o que poderia sobrecarregar ainda mais um sistema já bem complexo e colocar sérias limitações diante de uma situação de urgência, como vimos em 2008 por ocasião da crise econômica mundial.[167] A iniciativa, a flexibilidade e a rapidez da Comissão durante a crise são exemplos a serem seguidos.

A crise imobiliária americana, que se transformou em crise financeira, bancária e econômica mundial, trouxe três consequências importantes: o aumento da concentração bancária, a

---

167. A crise econômica internacional começou nos Estados Unidos no verão de 2007, em razão dos *subprimes*, os empréstimos hipotecários concedidos à classe média americana. Os bancos encontraram-se em uma situação financeira crítica quando os preços dos imóveis dados em garantia pelos particulares baixou drasticamente. Os bancos recorreram à securitização, transformando os empréstimos em títulos nos mercados de bolsa. Contudo, quando os bancos perceberam que possuíam títulos de *subprime* que não valiam mais nada, passaram a desconfiar uns dos outros e recusaram-se a conceder empréstimos. A crise de confiança dos mercados interbancários levou à falência de alguns bancos, e a situação tomou dimensão internacional e efeito de risco sistêmico.

criação de novas regulamentações bancárias e um forte comprometimento dos poderes públicos para salvar os bancos e o sistema financeiro. Isso se traduz pelas ajudas diretas dos Estados aos bancos por via de recapitalização, garantias e redução das taxas de juros dos bancos centrais.

Os Estados membros queriam intervir junto aos bancos o mais rapidamente possível para remediar a situação, mas essas intervenções constituíam ajudas de Estado, submetidas ao controle da Comissão. Em um procedimento normal de exame de ajudas novas, uma decisão é proferida no máximo 18 meses após a notificação. No entanto, a gravidade da situação exigia uma reação imediata, pois não era possível esperar tanto tempo. Os Estados membros que intervieram por meio de ajudas individuais tentaram fazer que a Comissão revisse sua abordagem tradicional relativa à interpretação estrita do artigo 107, § 3, b, do TFUE,[168] que considera compatíveis as ajudas destinadas a remediar uma perturbação grave da economia de um Estado membro. O recurso a esse dispositivo do tratado era excepcional; tinha sido aplicado somente uma vez, no caso da Grécia, em meados dos anos 1980.[169] De maneira geral, se a ajuda visa apenas a uma única empresa ou a um único setor, essa derrogação não pode ser aplicada.[170]

---

168. Artigo 107, § 3, *b*, TFUE: "Podem ser considerados como compatíveis com o mercado interno: [...] b) as ajudas destinadas a promover a realização de um projeto importante de interesse europeu comum ou a remediar uma perturbação grave da economia de um Estado membro".

169. Decisão 88/167 da Comissão, de 7 de outubro de 1987, referente à Lei 1.386/83, pela qual o governo grego concedia ajuda à indústria grega.

170. Nos casos dos anos 1990, relativos aos estabelecimentos bancários franceses em ruínas, a Comissão rejeitava sistematicamente essa derrogação. No caso do banco Crédit Lyonnais, por exemplo, a Comissão considerou que "os problemas do Crédit Lyonnais não têm origem numa crise bancária sistêmica da França; embora o Crédit Lyonnais não seja o único banco francês em dificuldade, alguns outros bancos, principalmente públicos, também

A Comissão insistia no fato de que a existência de uma crise sistêmica era uma premissa indispensável para pôr em prática a derrogação prevista no artigo 107, § 3, b, do TFUE. Ela continuava a julgar os casos sob o fundamento das orientações de 2004 relativas às ajudas de emergência e reestruturação,[171] mas a gravidade da crise e a urgência em encontrar uma solução rápida revelaram progressivamente a inadaptação do direito clássico das ajudas de Estado nesse contexto.[172] A posição da Comissão acabou por criar um descontentamento generalizado por parte dos Estados membros, até que, em 12 de outubro de 2008, os 15 países da zona do euro se reuniram para encontrar uma solução e decidiram adotar um *plano de ação organizado*,[173] estruturado so-

---

enfrentam dificuldades. As causas das perdas do Crédit Lyonnais são específicas a ele mesmo e parecem se referir, em grande medida, à política agressiva de crédito e investimento que o banco adotou na segunda metade dos anos 1980, sem um controle dos riscos e uma avaliação dos ativos adquiridos suficientemente rigorosa" (Comissão Europeia, 26de julho de 1995, Decisão Crédit Lyonnais 95/547/CE, JOCE de 21 de dezembro de 1995).

171. Comunicação da Comissão – Orientações comunitárias relativas às ajudas de Estado de emergência e à reestruturação de empresas em dificuldade, *Journal Offficiel* 244, du 1er oct. 2004 p. 0002-0017.

172. As regras que se aplicam às ajudas de emergência e à reestruturação são bem restritivas. Por exemplo, toda operação de reestruturação exige que a empresa beneficiária financie uma parte de seus custos de reestruturação. Uma empresa beneficiária de uma ajuda não pode receber nenhum outro auxílio num prazo de 10 anos. As ajudas de emergência são temporárias e reversíveis; são concedidas de maneira a permitir a análise das dificuldades da empresa e remediá-las por meio de um plano de ação, e várias condições cumulativas são necessárias para sua autorização (disponível em: <http://europa.eu/legislation_summaries/maritime_affairs_and_fisheries/fisheries_sector_organisation_and_financing/l26117_fr.htm>).

173. Na França, esse plano de ação foi substituído pela Lei 2008-1061, de 16 de outubro de 2008, chamada lei de finanças retificadora para o financiamento da economia. Essa lei aparecia como um plano destinado a restaurar a liquidez e a solvência das instituições financeiras. Quando a crise finan-

bre quatro eixos: 1) assegurar liquidez suficiente no mercado; 2) facilitar o financiamento dos bancos; 3) trazer recursos em capital às instituições financeiras; 4) considerar a recapitalização dos bancos em dificuldade.

A – A adaptação de um fundamento jurídico que permitiu a continuidade do controle das ajudas de Estado: a interpretação do artigo 107, § 3, b, do TFUE

A Comissão reagiu imediatamente ao plano de ação organizado dos Estados membros e publicou no dia seguinte, em 13 de outubro de 2008, uma *comunicação sobre as regras aplicáveis em matéria de ajudas de Estado às medidas tomadas em relação às instituições financeiras no contexto da crise financeira mundial.*[174] Essa comunicação foi a primeira de uma longa série de comunicações[175] que impulsionaram a instauração de um quadro temporário de ajudas de Estado às instituições financeiras. O novo

---

ceira se transformou em crise econômica, a França adotou um plano de recuperação mais global, fundado sobre um esforço de investimento, sustentado por 26 bilhões de euros em despesas reais.

174. Comunicação da Comissão de 13 de outubro de 2008, sobre as regras aplicáveis em matéria de ajudas de Estado às medidas adotadas em conjunto com as instituições financeiras no contexto da crise financeira mundial.

175. Comunicação da Comissão de 5 de dezembro de 2008 realativa à recapitalização dos estabelecimentos financeiros no contexto da crise financeira atual: limitação da ajuda ao mínimo necessário e proteção contra distorções excessivas de concorrência, 2009/C 10/3, JOCE de 15 de janeiro de 2009; Comunicação da Comissão de 17 de dezembro de 2008 relativa ao quadro comunitário temporário para as ajudas de Estado destinadas a facilitar o acesso ao financiamento no contexto da crise econômica e financeira atual, 2009/C 16/01, JOCE de 22 de janeiro de 2009; Comunicação da Comissão de 25 de fevereiro de 2009 relativa ao tratamento dos ativos depreciados no setor bancário da Comunidade, 2009/C 72/01, JOCE de 26 de março de 2009. Em dezembro de 2010, a Comissão adotou uma nova comunicação para prolongar a aplicação de certas medidas até o fim de 2011 (Comunicação de 1.º de dezembro de 2010, IP/10/1636).

quadro regulamentar permitiu resolver os problemas ligados a certos impasses jurídicos e principalmente o recurso ao artigo 107, § 3, b, do TFUE, até então sistematicamente invalidado pela Comissão.

O motivo dessas adaptações não era favorecer as instituições financeiras, mas restaurar a confiança no mercado financeiro. O quadro temporário permitiu aos Estados membros conceder empréstimos bonificados, reduzir o prêmio dado em garantias de empréstimos, fornecer capital-investimento para pequenas e médias empresas (PME) e ajudas diretas a um montante de 500 mil euros, sem ter de notificar individualmente.

Segundo Jacques Derene:[176] "Apesar da urgência, a Comissão soube conciliar dois objetivos fundamentais: de uma parte, deixar uma margem suficiente aos Estados membros para adotarem as medidas apropriadas para garantir a estabilidade financeira de suas economias, ao mesmo tempo em que limitava os efeitos excessivos sobre a concorrência (todos concordando, aliás, com a necessidade das medidas) e, de outra parte, lançar as balizas 'regulamentares' visando assegurar um mínimo de segurança jurídica, transparência e previsibilidade nesse período incerto".

B – O quadro temporário adotado durante a crise: uma prova de flexibilidade da Comissão Europeia

Regulamentações específicas foram adaptadas ou até aprofundadas para se conformarem aos novos dados fornecidos pela crise financeira e econômica. Entretanto, o conjunto de regras existentes foi mantido. As flexibilizações foram aceitas em limites estritos até 31 de dezembro de 2010.[177]

---

176. DERENE, Jacques. La Commission publie une communication limitant les aides au minimum nécessaires et posant des garde-fous contre les distorsions indues de concurrence, *Concurrences*, n. 1, 2009.

177. *Vade-mecum des aides d'État*, 2010, p. 259.

A Comissão deu uma prova de flexibilidade e rapidez, principalmente com o procedimento sumário (*fast track*), no qual o exame de compatibilidade às ajudas passou de 18 meses para 24 horas (incluindo o final de semana). A Comissão também introduziu um controle permanente das ajudas de Estado concedidas em razão da crise, exigindo dos Estados membros um relatório de acompanhamento semestral. Os Estados podiam ser eventualmente obrigados a renotificar as ajudas, se estas perdurassem após um certo prazo.

A crise financeira mostrou também a importância da *soft law*. Por meio das comunicações, a Comissão utilizou bem essa ferramenta para pôr em prática uma regulamentação de urgência bem flexível. Ainda que algumas críticas tenham destacado os erros cometidos pela Comissão em razão de uma resposta tardia ou tímida no início da crise, é inegável que a Comissão conseguiu preservar o ativo comunitário, evitando que as iniciativas dos Estados membros prejudicassem a concorrência na União Europeia, e adaptando o sistema de controle das ajudas de Estado durante a crise.

Para o diretor geral de concorrência da Comissão,[178] "essa crise financeira permitiu refletir sobre o papel jurídico da União Européia no caso de perturbação grave e global. A União pôde aproveitar para atualizar seu quadro regulamentar financeiro e abrir espaço para novas reformas em campos pouco ou nada regulados. A crise também revelou o que alguns temiam: um recuo nacional e importantes falhas no quadro de regulação. Contudo, seria injusto não considerar que a União se saiu bem com as armas jurídicas e políticas de que dispunha".

A Comissão reagiu positivamente no contexto da crise, demonstrando estar atenta à necessidade de proteger as disposições

178. BRISSE, Mathieu. Le rôle juridique contrasté de l'Union Européenne face à la crise – un tour d'horizon des mesures prises, *RMCUE*, n. 534, jan. 2010.

do tratado e de salvaguardar a concorrência no mercado comum. Essa vigilância é permanente, como pudemos observar no quadro das reformas propostas pela Comissão para modernizar o sistema em vigor, valorizando sempre o diálogo e a coordenação com os Estados membros. A atuação da Comissão poderia ser um paradigma para o Brasil, pois demonstra que o controle das ajudas de Estado não apresenta problemas insolúveis em situações de urgência.

Seção 2 – A reforma da política de controle das ajudas de Estado propostas pela Comissão Europeia

A vantagem do Brasil para a criação de um sistema brasileiro de controle das ajudas de Estado seria contar com a experiência da Comissão para a condução de um modelo de referência. Ao longo dos anos, a Comissão enfrentou problemas que justificaram a sugestão de reformas visando melhorar o funcionamento do sistema europeu. O Brasil teria o privilégio de observar a maturidade da Comissão, para implantar, desde a sua origem, um sistema já bem desenvolvido.

Em junho de 2005, a Comissão lançou um documento de consulta chamado *Plano de ação no domínio dos auxílios estatais*, que apresentava as bases de uma reforma da política das ajudas de Estado para o período de 2005 a 2009. A reforma foi conduzida em cooperação com os Estados membros e teve por objetivo aperfeiçoar o sistema de controle das ajudas, *para melhor contribuir em garantir um crescimento durável, a competitividade da economia, a coesão social e a proteção do meio ambiente.*[179]

179. Os princípios enunciados no plano de ação aplicam-se ao conjunto dos setores da economia, à exceção dos setores submetidos a regras específicas (agricultura, pesca, carvão e transportes).

A ampliação[180] da União Europeia mostrou a necessidade de adaptar e melhorar a política dos auxílios estatais para garantir um controle concorrencial efetivo no território alargado. A reforma visou à racionalização e à simplificação da política das ajudas de Estado. O objetivo era concentrar a atenção nas ajudas que mais falseiam a concorrência e tornar o controle mais previsível e fácil de ser aplicado. A Comissão apelou aos Estados membros que respeitassem a regulamentação e ao grande público que interviesse contra as ajudas incompatíveis.

As reformas propostas no plano de ação de 2005 basearam-se na experiência da Comissão durante a implantação e direção do sistema europeu de controle das ajudas de Estado. A partir de 2005, a cada seis meses, a Comissão publica um relatório chamado *Painel de avaliação dos auxílios estatais*, que contém um balanço das ações e reações dos atores do sistema. Com apoio nesses relatórios, veremos como o modelo europeu de controle das ajudas de Estado evoluiu desde a sua criação.

§ 1 – Os principais objetivos perseguidos pelo Plano de ação de 2005: a revisão das regras de fundo e de procedimento

A – Os elementos de base da reforma da política de controle das ajudas de Estado proposta pela Comissão Europeia em 2005

O plano de ação de 2005 fundou a reforma da política das ajudas de Estado em quatro pilares: 1) ajudas menos numerosas e melhor direcionadas; 2) uma abordagem econômica mais fina; 3) procedimentos mais eficazes e melhorias na aplicação, previsibilidade e transparência; 4) divisão das responsabilidades entre a Comissão e os Estados membros.

---

180. Em 2004, os países que aderiram à União Europeia foram os seguintes: Chipre, Eslováquia, Eslovênia, Estônia, Hungria, Letônia, Lituânia, Malta, Polônia e República Tcheca. Em 2007: Bulgária e Romênia.

A Comissão reafirmou que a política de concorrência da União Europeia é fundada numa economia de mercado, e que a concorrência é indispensável para a competitividade, porque é uma condição essencial para garantir a oferta de produtos a preços baixos. O controle das ajudas de Estado deve responder à necessidade de manter as regras do jogo imparciais para o conjunto das empresas que exercem atividades no mercado comum. Por esse motivo, as ajudas que conferem a certas empresas vantagens seletivas injustificadas e distorcem a competitividade são proibidas. No entanto, os auxílios estatais podem ter resultados positivos, como "a realização de objetivos de interesse geral, a correção de falhas de mercado, o favorecimento da coesão social e regional, ou o apoio ao desenvolvimento durável e à diversidade cultural".[181] Para que as ajudas possam ser declaradas compatíveis com o direito comunitário, devem responder a objetivos de interesse comum claramente definidos, sem falsear a concorrência nem o comércio intracomunitário.

Os quatro pilares da reforma lançados pelo plano de ação de 2005 visam à harmonização do sistema de controle das ajudas de Estado, por meio da divisão de esforços e responsabilidades entre a Comissão e os Estados membros. Se, de um lado, a Comissão propõe a adoção de medidas procedimentais mais simples, rápidas e transparentes, de outro lado os Estados membros são estimulados a respeitar a legislação comunitária, sobretudo no que concerne às notificações prévias, à seleção de ajudas focadas e menos prejudiciais à concorrência e ao combate às ajudas ilegais.

i) Ajudas de Estado menos numerosas e mais objetivas

Por meio do plano de ação, a Comissão encorajou os Estados membros a *fazer escolhas transparentes e estabelecer prioridades*, principalmente se considerarmos que os recursos públi-

---

181. Plano de ação de 2005 da Comissão.

cos destinados às ajudas poderiam ser atribuídos a outros setores essenciais para a população, como educação, saúde ou segurança. A escolha dos auxílios que tenham o potencial de efetivamente contribuir para o crescimento econômico da União Europeia, e não somente resolver um problema pontual de um Estado membro, é a primeira preocupação da Comissão. Vários setores que contribuem para o desenvolvimento econômico da Europa foram escolhidos com prioridade pelo plano de ação.[182]

As reformas foram de fato colocadas em prática e alguns exemplos merecem ser mencionados: 1) a revisão das ajudas em favor da inovação, pesquisa e desenvolvimento resultaram em uma regulamentação específica em 2006;[183] 2) a adoção do regulamento geral de isenção por categoria (que isenta determinadas categorias de ajudas da obrigação de notificar) e do regulamento das ajudas *de minimis*;[184] 3) a publicação de um *código de boas*

182. Entre os temas da reforma, a Comissão considerou um reexame das orientações relativas às ajudas para fins regionais, às medidas de proteção do meio ambiente e emprego, e a implementação de infraestruturas modernas no campo dos transportes, energia, informação e comunicação. A revisão se expandiu para a melhoria do ambiente onde operam as empresas, principalmente reduzindo a carga administrativa, simplificando e aperfeiçoando a qualidade da legislação e facilitando o início das atividades de novas empresas.

183. Enquadramento comunitário das ajudas de Estado à pesquisa, ao desenvolvimento e à inovação, publicado em 30 de dezembro de 2006, prevendo que auxílios estatais concedidos nesses setores serão autorizados se três condições forem satisfeitas: 1) a ajuda deve remediar uma falha do mercado claramente delimitada; 2) a ajuda deve ser focada, isto é, deve ser um instrumento apropriado, ter um efeito de incentivo e ser proporcional ao problema a ser resolvido; 3) as distorções de concorrência e comércio comunitários devem ser suficientemente circunscritas para serem julgadas compatíveis. O enquadramento está disponível em: <www.eur-lex.europa.eu>.

184. Nos dois casos, o princípio é que a política das ajudas de Estado deve focar nos tipos de ajudas que mais falseiam a concorrência. Esses regulamentos foram criados nos anos seguintes (RGIC 800/2008 e Regulamento *de*

práticas, que é um precioso instrumento de consulta e referência para as empresas e os Estados membros.[185]

ii) Uma abordagem econômica mais fina

Para determinar quando uma medida constitui uma ajuda de Estado e se a ajuda pode ser declarada compatível com o tratado, a Comissão recorre a análises econômicas e jurídicas para comparar os efeitos positivos do auxílio (que atingem um objetivo de interesse comum) e os efeitos potencialmente negativos (que distorcem o comércio e a concorrência comunitária).

O plano de ação propõe a adoção de uma abordagem econômica mais fina, capaz de avaliar de maneira mais correta e transparente as distorções da concorrência e as alterações ligadas às ajudas de Estado. A adoção de uma análise econômica detalhada é necessária para melhor avaliar as falhas de mercado, que podem ser as razões pelas quais os mercados não são capazes de atingir os objetivos de interesse comum.

A Comissão suscitou novos instrumentos que lhe conferiram poderes de investigação suplementares para melhorar a consulta dos agentes de mercado e a coleta de informações setoriais. Estudos econômicos mais profundos e o acompanhamento regular dos diversos setores são úteis para que as decisões da Comissão sejam mais rápidas e precisas. Em razão de sua importância, essa iniciativa também deveria ser adotada pelo Brasil, sobretudo em setores onde a concorrência é mais sensível.

iii) Procedimentos mais eficazes e melhoria na aplicação, previsibilidade e transparência

O plano de ação reconheceu que a demora na análise dos casos é um inconveniente que resulta principalmente das obri-

---

minimis CE 1998/2006) e contribuíram para a simplificação e rapidez do sistema de controle das ajudas de Estado.

185. Disponível em: <www.ec.europa.eu>.

gações impostas pelo Regulamento (CE) 659/1999, que trata dos procedimentos de exame dos auxílios estatais. A Comissão se dispôs a fazer esforços para aprimorar as práticas internas e as regras administrativas, bem como a eficácia, a aplicação e o controle das regras sobre ajudas de Estado.

A sugestão de modificação do Regulamento (CE) 659/1999 tinha por objetivo *reduzir os custos administrativos, melhorar as regras de procedimento e estimular os Estados membros a respeitar a obrigação de notificar*. As mudanças propostas provêm da experiência prática da Comissão no tratamento de casos que apresentavam as dificuldades mais críticas.

O plano de ação fez propostas simples, como a adoção do recurso à internet e a revisão das obrigações de tradução, até modificações estruturais, como a possibilidade de ampliar o alcance das injunções de recuperação, pôr em prática uma recuperação provisória sistemática das ajudas não notificadas, e ampliar as isenções por categoria a certos tipos de ajudas (como os auxílios à cultura ou à conservação do patrimônio).

iv) Uma divisão de responsabilidades entre a Comissão Europeia e os Estados membros

Em princípio, os Estados membros não são muito inclinados a contribuir de boa vontade com a política de controle das ajudas de Estado. Como vimos anteriormente, a soberania dos Estados membros sofreu uma espécie de *autolimitação* no contexto da União Europeia, uma vez que estes não podem agir isoladamente. É natural que os Estados membros queiram ter toda liberdade para oferecer ajudas às empresas nacionais, com o objetivo de fazer prosperar a economia de seus países e a qualidade de vida de seus cidadãos. Entretanto, os Estados se engajaram no objetivo maior de manter a União Europeia.

Para a Comissão, o sistema de controle das ajudas de Estado só funciona se ela for devidamente informada do avanço das medidas que os Estados membros tomam nessa esfera. No plano de ação de 2005, a Comissão observou que, isoladamente, seus esforços não seriam suficientes para conseguir uma reforma bem-sucedida. Seria necessário contar com os Estados membros, que deveriam se concentrar "em melhorar a eficácia, transparência e aplicação de suas políticas no campo das ajudas de Estado". A divisão de responsabilidades entre a Comissão e os Estados membros está no compromisso de aplicar conjuntamente a legislação comunitária.

As notificações prévias das ajudas novas, os relatórios sobre as ajudas existentes e o respeito aos critérios de isenção são exemplos de cooperação dos Estados membros ao bom funcionamento da política das ajudas de Estado. O sucesso do projeto depende também das autoridades locais: os juízes nacionais são responsáveis pela detecção e recuperação provisória das ajudas ilegais e pela execução das decisões de recuperação.

B – Os efeitos nocivos das ajudas ilegais sobre a concorrência, segundo o painel de avaliação das ajudas de Estado

As ajudas ilegais são aquelas concedidas sem notificação ou antes da decisão da Comissão. Em 2007, após o exame de mais de 600 decisões relativas às ajudas ilegais adotadas ao curso dos últimos 7 anos, a Comissão concluiu que "as ajudas de Estado ilegais são em geral bem mais nocivas à concorrência e ao comércio que as ajudas notificadas".[186] Por ocasião da publicação do painel de

186. Duas vezes por ano, desde 2005, a Comissão Europeia publica o relatório entitulado *Painel de avaliação dos auxílios estatais*, um balanço sobre o sistema de controle das ajudas de Estado a partir do plano de ação lançado em 2005. O objetivo do painel de avaliação é acompanhar o desenvolvimento das propostas feitas pelo plano de ação de 2005, as medidas adotadas pela Comissão, e a reação dos Estados membros. O painel de avaliação da primavera 2007 dedicou-se a uma análise mais profunda das ajudas ile-

avaliação da primavera de 2007,[187] a comissária encarregada da concorrência, Sra. Neelie Kroes, declarou que "as ajudas ilegais comprometem a competitividade europeia e o bom funcionamento do mercado comum. Incumbe aos Estados membros zelar para que todas as ajudas sejam notificadas e as decisões de recuperação rapidamente executadas. Estou decidida a colocar todos os meios disponíveis a serviço da luta contra as ajudas ilegais".

A Comissão incentiva os Estados membros a lutar contra as ajudas ilegais, respeitando a obrigação de notificar e tomando todas as medidas necessárias para a execução imediata e completa das decisões de recuperação. Os Estados membros são obrigados a notificar os auxílios que querem conceder e aplicar as regras relativas às ajudas de Estado. A Comissão reforça que a eficácia e a credibilidade do controle das ajudas de Estado pressupõem uma aplicação correta de suas decisões, em particular no que concerne à recuperação das ajudas ilegais e incompatíveis.

Segundo o painel de avaliação da primavera de 2007, as ajudas ilegais causam dois efeitos nocivos sobre a concorrência: 1) a ausência de notificação impede o exame de compatibilidade e,

---

gais. Os painéis de avaliação das ajudas de Estado estão disponíveis em: <www.europa.eu>.

187. No relatório de 2007, a Comissão consolidou o postulado de base de que as ajudas de Estado falseiam a concorrência no mercado comum e podem enfraquecer a competitividade das empresas europeias. As ajudas de Estado privam as forças do mercado de recompensar as empresas mais competitivas, conferindo vantagens seletivas a certas empresas que não são necessariamente aquelas com melhor desempenho. Por essa razão, "[...] o objeto da primeira frase do artigo 93, parágrafo 3, do tratado [atual artigo 108, § 3, do TFUE] é assegurar à Comissão a oportunidade de exercer, em tempo útil e no interesse geral das Comunidades, o seu controle sobre todo o projeto que queira instituir ou modificar as ajudas. A última frase do parágrafo 3 do artigo 93 do tratado constitui a salvaguarda do mecanismo de controle instituído por esse artigo, o qual, por sua vez, é essencial para garantir o funcionamento do mercado comum".

consequentemente, a identificação do nível de distorções à concorrência e ao comércio comunitário; 2) a presença de notificação não garante o restabelecimento da concorrência anterior ou a eliminação dos efeitos negativos provocados pela ajuda, mesmo se recuperada do beneficiário.[188]

O processo de conscientização sobre os efeitos nocivos das ajudas ilegais seria também um desafio para a implantação de um sistema de controle das ajudas de Estado no Brasil. A luta para a erradicação das ajudas ilegais na União Europeia mostra a fragilidade do sistema diante da falta de sintonia entre a Comissão e os Estados membros. A noção precisa dos ganhos resultantes da criação e do bom funcionamento de um novo controle concorrencial no Brasil seria essencial para o sucesso de uma política brasileira dos auxílios estatais.

---

188. Os índices do caráter particularmente nefasto das ajudas ilegais com relação às ajudas notificadas, foram apresentados no painel de avaliação da primavera 2007. Em primeiro lugar, a Comissão duvida da compatibilidade das ajudas ilegais. No período de 2000 a 2006, a Comissão decidiu abrir o procedimento formal de exame em 40% dos casos de ajudas ilegais, contra 5% dos casos de ajudas notificadas. Em segundo lugar, a Comissão proibiu pelo menos uma parte da ajuda, proferindo uma decisão negativa em 24% do total de ajudas ilegais, enquanto proferiu uma decisão negativa em 2,1% dos casos notificados. Essa diferença demonstra o grau mais elevado de distorção da concorrência e comércio comunitários no mercado comum pelas ajudas ilegais. Em terceiro lugar, nos setores da indústria e serviços, mais de um terço das decisões relativas às ajudas ilegais referiu-se aos auxílios de emergência e reestruturação, o tipo de ajuda mais suscetível de falsear a concorrência. A título de comparação, o painel de avaliação mais recente (outono de 2010) mostrou que no período de 2000-2009, a Comissão proferiu 910 decisões negativas sobre ajudas ilegais. Em cerca de 22% dos casos, ela interveio para conter uma decisão negativa sobre um auxílio incompatível, e o Estado membro foi obrigado a recuperar a ajuda concedida ilegalmente. Em 2% dos casos de ajudas ilegais, a Comissão proferiu uma decisão condicional. Essa taxa de intervenção de cerca de 24% sobre as ajudas ilegais é aproximadamente dez vezes superior ao número de decisões negativas e condicionais proferidas em casos devidamente notificados.

§ 2 – A aplicação satisfatória das decisões tomadas pela Comissão Europeia: um fator de sucesso e de credibilidade do sistema de controle das ajudas de Estado

A – O papel dos Estados membros na execução das decisões da Comissão Europeia: a recuperação rápida e eficaz das ajudas ilegais e incompatíveis

O nível de engajamento dos Estados membros com relação à política das ajudas de Estado não se resume à obrigação de notificar previamente as medidas de ajuda, mas sobretudo de executar as decisões da Comissão. Eles são obrigados a respeitar as decisões condicionais, ou as medidas úteis que se tornam obrigatórias, mas sua cooperação é mais fortemente solicitada para a recuperação das ajudas ilegais e incompatíveis com o mercado comum.

Os Estados membros devem tomar todas as medidas necessárias para recuperar, sem atraso, as ajudas ilegais junto aos beneficiários. As regras comunitárias preveem que a recuperação deve efetuar-se em conformidade com os procedimentos nacionais, desde que estes permitam a execução imediata e efetiva das decisões de recuperação. A lentidão na execução dessas decisões compromete sua eficácia e impede a supressão rápida das distorções de concorrência causadas pela ajuda ilegal.

Para a Comissão, o principal desafio consiste em fazer que as decisões de recuperação sejam completas e claramente estabelecidas, e que precisem, se possível, a identidade dos beneficiários perante os quais as ajudas devem ser recuperadas, assim como o montante em causa. Para os Estados membros, o desafio é adotar medidas mais eficazes do que aquelas colocadas à disposição pelo sistema jurídico nacional. Eles são obrigados a notificar sem atraso o beneficiário sobre a obrigação de restituição e zelar para que a ajuda seja reembolsada no prazo fixado pela Comissão.

No Brasil, o papel dos Estados membros seria desempenhado pela Administração Pública brasileira responsável pela concessão da ajuda. Assim, o BNDES ou o governo de um estado, por exemplo, deveria tomar as medidas jurídicas necessárias para recuperar as ajudas ilegais ou incompatíveis.[189] Entretanto, é necessário sublinhar que, no Brasil, a execução imediata da decisão de recuperação das ajudas ilegais poderia ser dificultada pela possibilidade de revisão judicial das decisões administrativas e pela lentidão do sistema judiciário brasileiro.

B – O papel dos juízes nacionais no sistema de controle das ajudas de Estado

i) A competência concorrente com a Comissão Europeia para a qualificação das ajudas

As jurisdições nacionais devem fazer uso de todos os meios, recursos e dispositivos do direito nacional para aplicar o direito comunitário e fazer respeitar as decisões da Comissão. As previsões do artigo 108, § 3, do TFUE, que se referem à obrigação de notificar, têm efeito direto sobre os juízes nacionais. De fato, há uma divisão de competências entre os juízes nacionais e a Comissão no que diz respeito ao exame de qualificação das ajudas, uma vez que a análise de compatibilidade é de competência exclusiva da Comissão.

---

189. Dony acrescenta que o Estado membro encarregado de recuperar a ajuda ilegal deve escolher o meio mais apropriado para fazê-lo. Se ele pretende adotar um outro mecanismo além da transferência de dinheiro, deve zelar para que as medidas escolhidas sejam suficientemente transparentes para permitir sua apreciação pela Comissão, que deve verificar se os meios escolhidos pelo Estado membro são capazes de eliminar a distorção de concorrência causada pela ajuda (DONY, Marianne. *Contrôle des aides d'État*, Bruxelles, Institut d'Études Européennes, 2007, p. 378 e 380).

Um juiz nacional pode apreciar se uma medida constitui ou não uma ajuda de Estado, mas não pode em nenhuma hipótese declarar-se competente para julgar uma denúncia sobre um projeto de ajuda que ainda não tenha sido executado; somente a Comissão possui essa prerrogativa. Da mesma forma, os particulares não podem contestar a compatibilidade de uma ajuda com o direito comunitário perante os tribunais nacionais, nem lhes pedir que se pronunciem sobre uma eventual incompatibilidade.[190]

Os juízes nacionais fazem um trabalho de qualificação identificando se a medida é ou não uma ajuda de Estado e se a notificação é obrigatória. Esse trabalho tem apenas um objetivo: examinar se uma medida constitutiva de uma ajuda de Estado foi notificada previamente ou não. Diante da ausência de notificação, os juízes nacionais são competentes para proibir a concessão de ajudas ou ordenar a restituição total ou parcial do valor da ajuda. Os juízes nacionais devem observar se os quatro critérios de identificação das ajudas de Estado foram preenchidos para qualificar a medida de ajuda.[191] Em caso de dúvida, o juiz pode interrogar a Comissão ou apresentar uma questão prejudicial à Corte de Justiça das Comunidades Europeias.[192]

190. DONY, Marianne. Op. cit., p. 409.

191. Se o Estado membro acredita que o juiz nacional equivocou-se quanto à qualificação da ajuda (o que obrigaria o Estado membro a fazer a notificação), pode notificar a Comissão para tentar obter uma decisão contrária. Nessa hipótese, o Estado membro normalmente apela da decisão do juiz nacional, e a Corte de Apelação, em geral, decide conforme o entendimento da Comissão. Deve-se notar que a empresa beneficiária da ajuda não se relaciona com a Comissão. Assim, se o Estado membro não notifica a Comissão para obter uma decisão favorável, a empresa deve lutar sozinha perante a jurisdição nacional.

192. A Comissão mencionou no plano de ação de 2005 que os juízes nacionais poderiam ser mais solicitados a controlar a aplicação correta das regras de isenção por categoria e *de minimis*, e sublinhou a importância dos recur-

ii) A execução das decisões da Comissão Europeia para a recuperação das ajudas

No campo das recuperações das ajudas ilegais ou incompatíveis, a tarefa dos juízes nacionais é muito importante.[193] Quando o juiz nacional constata que uma medida de ajuda não foi notificada, ou foi posta em prática antes de obter a aprovação da Comissão, deve ele determinar a recuperação integral do montante da ajuda, com juros. A recuperação se faz em conformidade com os procedimentos previstos pelo direito nacional do Estado membro.

Em razão do princípio da equivalência,[194] os procedimentos nacionais permitem a execução imediata e efetiva da decisão da Comissão, e os recursos previstos no direito nacional não possuem efeito suspensivo. Se a ajuda for considerada compatível por uma decisão ulterior da Comissão, o juiz nacional não é obrigado a ordenar sua recuperação, porque a decisão da Comissão purga a ajuda de sua ilegalidade.[195] Segundo o direito nacional,

---

sos de direito privado nas jurisdições nacionais para reforçar o respeito à regulamentação sobre as ajudas de Estado.

193. O papel desempenhado pelas jurisdições nacionais na disciplina das ajudas de Estado foi destacado pela Comissão na comunicação de 9 de abril de 2009 (disponível em: <www.eur-lex.europa.eu>). A competência das jurisdições nacionais é voltada para quatro poderes: 1) determinar se a medida constitui uma ajuda de Estado; 2) impedir a concessão de uma ajuda ilegal; 3) ordenar a recuperação das ajudas ilegais; 4) ordenar medidas provisórias; 5) engajar a responsabilidade do Estado.

194. Segundo o princípio da equivalência (ou do tratamento nacional), as medidas nacionais que permitem aplicação do direito comunitário devem ser tão favoráveis quanto as medidas que permitem a aplicação do direito nacional.

195. Se o juiz nacional é obrigado a manifestar-se sobre uma medida que ele entende ser uma ajuda ilegal, pode ordenar uma *medida provisória* para que o valor da ajuda, mais juros, sejam depositados em uma conta bloqueada, até o momento do julgamento de mérito pela Comissão. Essa mesma opção

se a concessão prematura da ajuda causou um prejuízo a um ou mais concorrentes, o juiz nacional pode determinar a reparação do prejuízo ao concorrente. A violação da obrigação de notificação constitui uma falta suscetível de responsabilizar o Estado por um concorrente da empresa beneficiária, ou até pelo próprio beneficiário da ajuda.

No Brasil, o Poder Judiciário seria um ator chave para o bom funcionamento do sistema de controle das ajudas de Estado, sobretudo no que diz respeito à execução das decisões de recuperação das ajudas ilegais ou incompatíveis. No capítulo seguinte, veremos os desafios para a adoção do modelo europeu no Brasil, e a importância do sistema judiciário nesse contexto.

pode ser adotada se o juiz prefere aguardar o pronunciamento da Comissão sobre a compatibilidade da ajuda, antes de determinar sua recuperação.

Capítulo 2

Os desafios que acompanham a adoção do modelo europeu de controle das ajudas de Estado pelo Brasil

A introdução no Brasil de um novo sistema de controle concorrencial para as ajudas de Estado dependeria da cooperação e do apoio das instituições públicas e privadas. Primeiramente, veremos que seria necessária uma adaptação estrutural, política e institucional, sem a qual o novo sistema poderia fracassar (Seção 1). Uma vez que essas dificuldades sejam ultrapassadas, poderemos concluir que o CADE já possui o poder e o dever de controlar as ajudas de Estado no Brasil (Seção 2).

Seção 1 – As dificuldades ligadas à criação de um sistema de controle das ajudas de Estado no Brasil

A polêmica sobre os efeitos que os auxílios estatais concedidos no Brasil causam sobre a concorrência no mercado brasileiro surge cada vez que uma operação patrocinada pelo Estado está em vias de ser concretizada. Os especialistas calculam os custos diretamente suportados pelo Estado e indiretamente por toda a sociedade brasileira, eventualmente reconhecem o impacto nocivo para a concorrência, mas a solução não parece ser a criação de um sistema de controle das ajudas de Estado. Um mecanismo análogo ao modelo europeu somente poderia ser criado pela modificação ou substituição da Lei 12.529/2011.

O controle institucionalizado dos auxílios estatais seria de competência do CADE, a autoridade brasileira de defesa da concorrência, que já é bem experiente no controle das concentrações econômicas e condutas anticompetitivas. Traçando um paralelo entre os sistemas concorrenciais europeu e brasileiro, destacamos os aspectos legais, estruturais, políticos e institucionais mais marcantes, que poderiam trazer dificuldades à inclusão de um sistema de controle das ajudas de Estado no Brasil.

§ 1 – As adaptações legais e estruturais necessárias para a inclusão do controle das ajudas de Estado no Brasil

A – A modificação da Lei de Defesa da Concorrência brasileira (Lei 12.529/2011) para assimilar o mecanismo de controle das ajudas de Estado e a adaptação estrutural do CADE

O equivalente brasileiro da Comissão Europeia é o CADE, a autoridade de defesa da concorrência criada com o objetivo de reprimir e prevenir as infrações contra a ordem econômica. A implantação no Brasil de um terceiro sistema de controle concorrencial para as ajudas de Estado somente seria possível por via legislativa e se daria por meio da promulgação de uma nova lei, ou pela modificação ou substituição da Lei de Defesa da Concorrência brasileira (Lei 12.529/2011).

A lei atual trouxe inovações importantes para o Sistema Brasileiro de Defesa da Concorrência. Destaquem-se a transformação do CADE em um tribunal administrativo da concorrência[196] e a eliminação da opção pela notificação posterior das

196. Em síntese, o Tribunal Administrativo desempenhará o papel do CADE. A Superintendência-geral fará as vezes da SDE na análise de atos de condutas e da SEAE/SDE no exame de atos de concentração. O Departamento de

concentrações econômicas. A notificação prévia permite unificar o procedimento do CADE com outras jurisdições internacionais, e torna mais viável a eventual implementação de um sistema de controle das ajudas de Estado no Brasil. Antes de ser concedida pela Administração Pública, a ajuda deveria ser aprovada pelo CADE, a exemplo do que ocorre no sistema europeu.

O CADE pretende fortificar-se como uma instituição sólida de defesa da concorrência, colocando-se numa posição mais firme com relação aos agentes econômicos, às instituições públicas e à sociedade brasileira em geral. A criação do chamado "SuperCade" previu a criação de aproximadamente 200 cargos, o que representaria um reforço desejável na hipótese de implantação de um sistema de controle dos auxílios estatais.

Apesar dos obstáculos burocrático-legislativos, a atribuição de uma competência específica ao CADE para controlar as ajudas de Estado (em paralelo ao controle das concentrações econômicas e das condutas anticompetitivas já existente) é possível, mas dependeria principalmente da vontade política e social de concretizá-la. O desafio maior seria convencer a sociedade brasileira dos benefícios provenientes desse tipo de controle, para que se pudesse obter o apoio necessário para a criação, a substituição ou a modificação da legislação aplicável. Diante das novas disposições, seria necessário respeitá-las para pôr em prática o novo sistema.

i) A importância da autonomia e da independência do Conselho Administrativo de Defesa Econômica (CADE) com relação ao Estado e aos entes públicos brasileiros

A Comissão Europeia é a única competente para atuar como guardiã do direito comunitário porque é uma instituição inde-

---

Estudos Econômicos assumirá as funções da SEAE na apresentação de estudos e pareceres econômicos.

pendente. Os comissários são escolhidos, segundo o Tratado de Lisboa, "em razão de sua competência geral e do seu engajamento europeu, e dentre as personalidades que oferecem todas as garantias de independência".[197] Essa autonomia é a garantia de uma instituição forte e respeitável, que aplica o direito comunitário sem discriminação a todos os Estados membros.

Quando foi criado em 1962,[198] o CADE estava ligado à presidência do Conselho de Ministros e sob supervisão ministerial. Em 1994, foi transformado em autarquia vinculada ao Ministério da Justiça. Enquanto entidade autárquica, o CADE não tem poder para criar seu próprio direito, mas possui capacidade de autoadministração para prestar o serviço público descentralizado, segundo um controle administrativo enquadrado por lei. Em geral, as autarquias são criadas para prestar serviços que exigem uma especialidade do Estado, tendo, assim, organização própria e uma administração mais ágil e menos burocrática.

Os membros do CADE são escolhidos entre os cidadãos de notório saber jurídico ou econômico e com reputação ilibada, nomeados pelo Presidente da República após aprovação do Senado.[199] Os conselheiros são investidos de um mandato para o exercício de suas funções, sem possibilidade de serem afastados, salvo por disposições legais. A publicidade e a transparência do procedimento salvaguardam o interesse público e impõem o respeito necessário à aplicação da Lei de Defesa da Concorrência.

A administração autônoma e o julgamento coletivo das decisões do CADE são essenciais para reforçar sua independência com relação aos estados brasileiros e outras instituições administrativas, e para evitar o risco de submissão do órgão às pressões políticas, públicas ou privadas. A independência e a autonomia

---

197. Artigo 17 do Tratado de Lisboa.

198. Lei 4.137/1962, substituída pela Lei 8.884/1994.

199. Artigo 6.º da Lei 12.529/2011.

do CADE se consolidam gradualmente e são elementos importantes diante da eventual criação no Brasil de um sistema de controle das ajudas de Estado.

B – A criação de um procedimento específico de controle das ajudas de Estado no Brasil a partir do modelo europeu

i) A modificação necessária da estrutura administrativa existente para um novo procedimento de controle: o desafio da contratação de funcionários qualificados e do tratamento dos casos em prazos razoáveis

A estrutura administrativa atual do CADE é insuficiente para acomodar um novo sistema de controle concorrencial para as ajudas de Estado. Mesmo sob a égide da Lei 12.529/2011, as modificações feitas no Sistema Brasileiro de Defesa da Concorrência são ainda incapazes de sustentar um sistema mais complexo, e a limitação orçamentária é uma circunstância agravante. A nova sede do CADE, por exemplo, necessitaria acomodar uma nova estrutura, e a falta de pessoal especializado na matéria é um problema recorrente. As medidas de apoio existentes necessitariam ser reforçadas, como a política permanente de formação para funcionários, que oferece o aprendizado ou aperfeiçoamento de línguas estrangeiras e cursos de especialização.

Apesar dos esforços do CADE, durante a vigência da Lei 8.884/1994 os longos prazos de instrução dos processos complexos eram inevitáveis. No contexto da Lei 12.529/2011, que excluiu a notificação posterior, o cumprimento dos novos prazos legais será igualmente desafiador.[200] Na hipótese de introduzir-se

200. Segundo o balanço da gestão do CADE 2009/2020, disponível em: <www.regulacao.gov.br>, o CADE reduziu o exame das concentrações econômicas de 50 dias em 2008 para 40 dias em 2010. O procedimento de instrução e julgamento das concentrações econômicas pelo CADE, SDE e SEAE foi reduzido de 252 dias para 165 em 2010.

um mecanismo de controle das ajudas de Estado no Brasil, a dificuldade para a capacitação do Sistema Brasileiro de Defesa da Concorrência para essa nova tarefa será grande, ainda que perfeitamente possível, a exemplo do controle das concentrações econômicas e práticas anticoncorrenciais, já bem consolidado.

ii) A introdução no Brasil de um procedimento de controle das ajudas de Estado semelhante ao europeu: a importância da fase de pré-notificação e as isenções para concentrar o controle nas ajudas mais nocivas

Como nos explica Paula Forgioni:[201] "A Lei 8.884, de 1994, embora declaradamente inspirada no modelo europeu, adotou o sistema das autorizações, em vez do sistema das isenções. Assim, no Brasil, o CADE exerce um controle *a posteriori* das práticas realizadas, que acabam por produzir efeitos plenos até serem formalmente proibidas pela autoridade antitruste". A nova Lei 12.529/2011 alterou o sistema das autorizações, excluindo a possibilidade de autorização posterior, porém não aproveitou as vantagens do sistema das isenções.

O modelo europeu das isenções evita o acúmulo de processos de menor potencial anticoncorrencial sob o exame da Comissão. A legislação europeia concentra-se nas medidas de ajuda mais nocivas à concorrência, que merecem ser submetidas ao controle da Comissão, afastando, dessa maneira, os processos que poderiam ocupar o espaço de casos mais graves. Como vimos, a *soft law* também é uma fonte para a criação dos regulamentos de isenção, o que seria uma referência importante para o Brasil. A *soft law* é um mecanismo que poderia ser explorado pelo CADE para facilitar a implantação de um sistema brasileiro de controle das ajudas de Estado.

201. FORGIONI, Paula A. *Os fundamentos do antitruste*, São Paulo, Ed. RT, 1998, p. 193.

Outro mecanismo europeu que merece ser destacado é a fase de pré-notificação, que não está prevista no Regulamento (CE) 659/1999 da Comissão Europeia, mas no *Código de boas práticas para a condução de procedimentos de controle dos auxílios estatais*. A pré-notificação permite o exame precoce da medida de auxílio. Antes da notificação formal, o Estado membro entra em contato com a Comissão fornecendo informações simplificadas, e as duas partes juntas examinam os aspectos jurídicos e econômicos do projeto de ajuda. "Nesse contexto, o Estado membro e os funcionários da Comissão podem elaborar conjuntamente propostas construtivas para remediar os aspectos de uma medida desejada que apresenta problemas. Essa fase, portanto, abre caminho para um tratamento mais rápido das notificações, uma vez que elas são formalmente submetidas à Comissão."[202]

A comunicação prévia, as reuniões e o contato estreito entre a Comissão e os Estados membros são exemplos a serem seguidos pelo CADE. É necessário ampliar as relações entre o CADE, as outras instituições públicas e os agentes econômicos, mas conforme um procedimento instucionalizado. Essa abertura regulamentada legitima a comunicação e assegura a transparência. Para um eventual controle das ajudas de Estado no Brasil, uma etapa semelhante à pré-notificação permitiria a triagem das medidas que efetivamente apresentam problemas concorrenciais, evitando, assim, uma estrutura sobrecarregada.

iii) A importância do acompanhamento da evolução dos mercados e das análises econômicas periódicas relativas às estruturas de mercado para acelerar o procedimento de controle das ajudas de Estado

Segundo o artigo 17 do Regulamento 1/2003 da Comissão, quando a evolução do comércio entre os Estados membros, a ri-

202. Artigo 10 do Código de boas práticas.

gidez dos preços ou outras circunstâncias fazem presumir que a concorrência pode ser restringida ou falseada dentro do Mercado Comum, a Comissão pode investigar um determinado setor da economia ou um tipo particular de acordo em diferentes setores. No âmbito da investigação, a Comissão pode solicitar informações às empresas ou associações de empresas e realizar inspeções.

O acompanhamento frequente do Mercado Comum pela Comissão permite-lhe tomar medidas apropriadas cada vez que um prejuízo à concorrência na União Europeia é identificado. A prerrogativa de agir por meio de pesquisas setoriais torna o sistema concorrencial europeu mais eficaz.

No âmbito da Lei 8.884/1994, o CADE obtinha informações sobre os mercados exclusivamente no contexto dos processos de concentração econômica ou investigações de práticas anticoncorrenciais. Com a Lei 12.529/2011, espera-se que a Secretaria de Acompanhamento Econômico (SEAE) venha realizar essa função.[203] O acompanhamento espontâneo da evolução dos mercados e as análises econômicas periódicas das estruturas de mercado devem ser práticas regulares do CADE. Em razão da complexidade de uma fiscalização constante, é necessário sele-

203. Lei 12.529/2011, artigo 19: "Compete à Secretaria de Acompanhamento Econômico promover a concorrência em órgãos de governo e perante a sociedade cabendo-lhe, especialmente, o seguinte: [...] IV – elaborar estudos avaliando a situação concorrencial de setores específicos da atividade econômica nacional, de ofício ou quando solicitada pelo Cade, pela Câmara de Comércio Exterior ou pelo Departamento de Proteção e Defesa do Consumidor do Ministério da Justiça ou órgão que vier a sucedê-lo. § 1.º Para o cumprimento de suas atribuições, a Secretaria de Acompanhamento Econômico poderá: I – requisitar informações e documentos de quaisquer pessoas, órgãos, autoridades e entidades, públicas ou privadas, mantendo o sigilo legal quando for o caso; II – celebrar acordos e convênios com órgãos ou entidades públicas ou privadas, federais, estaduais, municipais, do Distrito Federal e dos Territórios para avaliar e/ou sugerir medidas relacionadas à promoção da concorrência".

cionar os mercados mais sensíveis em matéria concorrencial e os mais relevantes para a sociedade. Uma espécie de banco de dados atualizado contribui para decisões mais rápidas e precisas, e constituiria uma inestimável fonte de informação caso um sistema de controle das ajudas de Estado viesse a ser adotado no Brasil.

iv) O papel dos juízes nacionais europeus aplicado ao Poder Judiciário brasileiro: a dificuldade de execução rápida das decisões do Conselho Administrativo de Defesa Econômica (CADE)

O sistema europeu de controle das ajudas de Estado conta com o apoio das jurisdições nacionais para dar a efetividade necessária às decisões da Comissão, sobretudo no que concerne à recuperação das ajudas ilegais e incompatíveis. A competência dos juízes nacionais contribui ao bom funcionamento do sistema europeu quando a Comissão não consegue executar diretamente suas decisões nas jurisdições dos Estados membros.

No Brasil, quando a decisão do CADE não é respeitada, o procurador do CADE deve tomar as medidas necessárias para a execução judicial.[204] A Procuradoria do CADE (PROCADE) exerce a função consultiva e de defesa judiciária. Para a função consultiva, a PROCADE garante a segurança jurídica dos atos administrativos do CADE, quer seja pela materialização das decisões de prevenção e repressão das infrações contra a ordem econômica, quer seja por meio de assistência aos mercados públicos, contratos e outras atividades do CADE. Para a defesa judiciária, o objetivo é de salvaguardar as decisões do CADE submetidas ao Poder Judiciário. "A defesa judicial do CADE continua a ser aprimorada, sendo que em 84% dos casos a decisão do CADE é

204. Cf. artigo 15 da Lei 12.529/2011.

confirmada pelo Poder Judiciário."[205] Segundo o relatório de gestão 2009 da PROCADE,[206] a diminuição das ações judiciais propostas contra o CADE poderia se justificar por dois motivos: em primeiro lugar, notou-se uma redução das condenações impostas em 2009;[207] em segundo lugar, um número maior de empresas preferiu cumprir espontaneamente as decisões do CADE.[208]

As decisões de natureza administrativa do CADE não são revistas pelo Poder Executivo, mas a revisão pelo Poder Judiciário é possível em respeito ao princípio da inafastabilidade do controle jurisdicional. Assim, os administrados podem recorrer à instância judiciária caso não se conformem com uma decisão administrativa desfavorável. Na hipótese de criação de um sistema brasileiro de controle das ajudas de Estado, tanto a Administração Pública responsável pela concessão do auxílio como a empresa beneficiária poderiam contestar uma decisão negativa do CADE perante o Judiciário.

Diferentemente do sistema supranacional da União Europeia, que contém várias instâncias judiciárias para cada Estado membro, o Brasil possui a vantagem de ter apenas um sistema judiciário. Se fosse promulgada no Brasil uma lei que criasse o sistema de controle das ajudas de Estado, o Poder Judiciário deveria zelar pela sua aplicação. Após o processo natural de consolidação da nova lei, a atuação do Poder Judiciário garantiria o bom funcionamento do novo sistema. Contudo, é importante ressaltar que a execução rápida das decisões do CADE relativas aos auxílios estatais poderia ser dificultada pela lentidão do sistema judiciário brasileiro.

---

205. Balanço da gestão do CADE 2009/2010, disponível em: <www.regulacao.gov.br>.

206. Disponível em: <www.cade.gov.br>.

207. Cerca de 30 processos em 2009, com relação a 50 processos em 2008.

208. De 2008 a 2009 o cumprimento voluntário das obrigações aumentou 19%.

§ 2 – A adaptação política e institucional necessária para a inclusão do controle das ajudas de Estado no Brasil

A – A provável reação negativa das instituições brasileiras encarregadas de incentivar o desenvolvimento industrial e econômico diante de uma perda de autonomia

Em princípio, nenhum tipo de restrição é aceito sem protesto. O controle das ajudas de Estado no Brasil criaria uma barreira à liberdade de agir das instituições que foram criadas, desde a sua origem, para estimular o desenvolvimento industrial e econômico. Diante de uma perda de autonomia provocada pela criação de um sistema de controle dos auxílios estatais, é provável que surjam reações negativas das instituições habituadas a operar sem restrições, tal como o BNDES. A contestação também seria provável por parte das empresas beneficiárias, que seriam obrigadas a aguardar a conclusão do procedimento de controle para receber a ajuda, ou, na hipótese extrema e menos desejada, obrigadas a reembolsar o auxílio ilegal e incompatível.

A imposição de restrições à livre concessão de auxílios estatais no Brasil dependeria do sucesso de uma política de conscientização social. Seria necessário demonstrar que o sistema de controle das ajudas de Estado é benéfico à concorrência, à economia e, em última instância, à sociedade em geral. A legitimação do sistema viria do reconhecimento de que o controle não é uma nova forma de intervenção estatal, mas uma garantia de concorrência sã e igualitária no mercado brasileiro.

Podemos conjecturar que o debate se estenderia em nível internacional, gerando discussões acerca da criação dos campeões nacionais e da posição do Brasil em face do comércio internacional. Ora, a competitividade das empresas brasileiras no exterior não é uma justificativa convincente para afastar a criação de um sistema de controle das ajudas de Estado no Brasil. Como vimos, a concorrência equilibrada favorece as empresas sólidas e mais capazes de participar da concorrência com seus próprios meios. As ajudas discriminatórias mascaram o potencial concorrencial das empresas beneficiadas, que não seriam capazes de se manter no cenário internacional sem o apoio do Estado.

Ademais, o efeito positivo indireto do controle das ajudas de Estado seria criar uma barreira ao *lobby* que protege certas empresas beneficiárias. Vários setores pressionam o Estado, de maneira discreta ou ostensiva, visando intervir nas decisões do poder público em favor de seus próprios interesses. Quando a indústria automobilística instalou-se no Brasil, por exemplo, aproveitou as políticas fiscais regionais para negociar ao mesmo tempo com vários estados brasileiros o máximo possível de incentivos fiscais.[209] O sistema institucionalizado de controle das ajudas de Estado parece ser o meio mais legítimo para ajudar as empresas selecionadas segundo critérios concorrenciais justos, sem ceder lugar a estratégias políticas.

B – A compatibilidade e a harmonização do sistema de controle das ajudas de Estado com a política brasileira de incentivo do desenvolvimento industrial e econômico

O controle das ajudas de Estado não impede e não prejudica a execução das políticas industriais de desenvolvimento econômico. Na realidade, o controle dos auxílios estatais para o Brasil seria uma ferramenta importante para pôr em prática as políticas

209. As empresas do setor automotivo tomaram financiamentos de 8,7 bilhões de dólares (aproximadamente 16,3 bilhões de reais) ao BNDES no período 2008-2010, ao passo que a média anual de investimentos produtivos foi da ordem de 2 bilhões de dólares para as montadoras e de 1,3 bilhão de dólares para as autopeças nos últimos anos. Isso significa que quase a totalidade dos recursos necessários para financiar seus investimentos saiu dos cofres públicos, enquanto parcela expressiva dos lucros foi transferida para as matrizes (SARTI, Fernando; HIRATUKA, Célio. Gasto público, lucro privado, *Carta capital*, 16 fev. 2011).

governamentais. Alinhadas com os princípios constitucionais da livre concorrência e da livre-iniciativa, as políticas de controle concorrencial e as políticas de desenvolvimento econômico são complementares e têm por finalidade o avanço da economia em bases não discriminatórias.

A política brasileira de incentivo ao desenvolvimento industrial e econômico prevê a concessão de ajudas de Estado sob formas diversas, tais como isenções fiscais, empréstimos a taxas de juros reduzidas ou empréstimos a fundo perdido. O sistema de controle das ajudas de Estado não impede que os auxílios sejam concedidos, mas propõe a verificação prévia dos efeitos sobre o mercado, para avaliar os riscos concorrenciais e a conveniência de priorizar a ajuda em detrimento da concorrência. É possível que o Estado decida conceder um auxílio, mesmo sabendo que terá um impacto nocivo sobre a concorrência, mas essa escolha deve ser consciente e bem examinada.

O controle das ajudas de Estado é um meio eficaz de proteção da livre concorrência. Sua ausência provoca graves distorções no mercado e consequências nefastas para a economia, que, na maioria dos casos, não podem ser corrigidas. Ao lado das concentrações econômicas e das práticas anticoncorrenciais, o controle das ajudas de Estado completaria o Sistema Brasileiro de Defesa da Concorrência, assegurando o equilíbrio do mercado. A modificação da política brasileira atual implica sobretudo uma mudança de mentalidade e a compreensão de que se trata de um mecanismo pró-concorrencial.

Seção 2 – O poder e o dever do controle das ajudas de Estado pelo Conselho Administrativo de Defesa Econômica (CADE)

O Brasil conta com o privilégio de poder inspirar-se no modelo europeu para criar um sistema de controle das ajudas de

Estado. O exemplo europeu é uma referência inestimável para avaliar as vantagens e os inconvenientes da adoção de um regime semelhante. As dificuldades enfrentadas pela Comissão Europeia na condução de seu sistema são conhecidas e permitem antecipar possíveis problemas de mesma natureza.

Veremos que o CADE tem o poder e o dever de controlar as ajudas de Estado. Conforme a Lei 12.529/2011, o CADE deve zelar pelo respeito à Lei de Defesa da Concorrência brasileira e, para cumprir essa função, possui competência para prevenir e reprimir as infrações contra a ordem econômica. Apesar da ausência de dispositivos legais específicos, o controle concorrencial do CADE poderia compreender os auxílios estatais. Nesse sentido, a reforma ou a substituição da Lei de Defesa da Concorrência brasileira, somadas às adaptações necessárias já vistas, poderia suprimir essa lacuna e tornar o CADE plenamente capaz de conduzir o controle das ajudas de Estado no Brasil.

Ademais, o CADE possui o dever de zelar pelo respeito aos princípios constitucionais que dispõem que a livre concorrência é um dos pilares da ordem econômica brasileira. Como guardião da concorrência, o CADE deve agir cada vez que a concorrência é ameaçada, e esse dever não deveria ser limitado pela ausência de uma legislação específica de controle das ajudas de Estado.

§ 1 – A possibilidade de o Conselho Administrativo de Defesa Econômica (CADE) efetuar um controle das ajudas de Estado

A – A capacidade do Conselho Administrativo de Defesa Econômica (CADE) de integrar um sistema de controle das ajudas de Estado no Brasil

O CADE se preparou para a modernização do Sistema Brasileiro de Defesa da Concorrência segundo a estrutura proposta no Projeto de Lei 6/2009. O plano estratégico do Conselho para os anos 2009/2010 baseou-se no seguinte objetivo: "Todas as ações estarão voltadas à preparação do Sistema Brasileiro de Defesa da Concorrência (SBDC) para o Novo CADE, antecipando, na medida do possível, as inovações institucionais e de rotinas prevista no PL 06/09, que integra o Plano de Aceleração do Crescimento - PAC 2007/2010".[210]

Entre as realizações mais importantes dos anos 2009/2010, destacam-se: 1) a aprovação do Projeto de Lei 6/2009, que culminou com a promulgação da Lei 12.529/2011; 2) a criação do Departamento de Estudos Econômicos, para zelar pelo rigor e atualização técnica e científica das decisões do CADE; 3) a criação do serviço de cumprimento das decisões, para trazer rapidez e rigor à aplicação das decisões do CADE; 4) a criação da ouvidoria, para incentivar a participação dos cidadãos na defesa da concorrência; 5) o fortalecimento do corpo técnico do CADE; 6) a melhora e modernização da comunicação e da transparência; 7) a reformulação do procedimento, para reduzir os prazos e aumentar a segurança jurídica das decisões do CADE; 8) os acordos de cooperação internacional com outras autoridades da concorrência.

Em 2010, a Organização para a Cooperação e Desenvolvimento Econômico (OCDE) elaborou uma auditoria independente sobre a política brasileira de defesa da concorrência. O relatório final concluiu que: "o sistema de política de concorrência demonstrou um progresso consistente, até mesmo notável. Tornou-se mais eficiente, especialmente na análise de fusões, permitindo que redirecionasse suas prioridades para a repressão a cartéis". No entanto, a OCDE notou que os avanços dependiam da reforma da legislação, o que efetivamente veio a ocorrer com a promulgação da Lei 12.529/2011.

---

210. Relatório de gestão do CADE 2009/2010, disponível em: <www.regulacao.gov.br>.

A experiência do CADE no controle das concentrações e das práticas anticoncorrenciais é uma base sólida para acomodar um terceiro controle concorrencial. Apesar das dificuldades estruturais já mencionadas, o CADE possui a credibilidade e a reputação institucionais necessárias para legitimar a atribuição do monopólio de controle das ajudas de Estado.

B – A experiência da Comissão Europeia no controle das ajudas de Estado como referência para o Conselho Administrativo de Defesa Econômica (CADE)

Segundo Roberto Mangabeira Unger:[211] "O mundo todo estaria convergindo, pouco a pouco, para o mesmo conjunto básico de valores e instituições. Seriam aquelas estabelecidas, com pequenas variações, nos Estados Unidos e na Europa. Nada haveria além do mercado e do inexorável processo de globalização de suas relações. Em nome de um processo de convergência denominado globalização, descreve-se a hegemonia não apenas de interesses e exigências, mas principalmente de idéias e atitudes, incluindo-se a necessidade de convergência com as instituições, sobretudo econômicas, do modelo norte-americano".

Criticando a posição do autor, Marcos Vinícius de Campos[212] comenta que: "Unger enfatiza que sempre fez parte da cultura jurídica e econômica brasileira a idéia da cópia institucional. Transplantadas para o Brasil, as instituições vinham desacompanhadas da história de conflito e transformação que as haviam produzido. As instituições copiadas regularmente produziram resultados inesperados e desalentadores quando não eram minadas pela realidade do país".

---

211. UNGER, Roberto Mangabeira. *A segunda via – presente e futuro do Brasil*, São Paulo, Boitempo Editorial, 2001, p. 10-33.

212. CAMPOS, Marcos Vinícius, *Concorrência, cooperação e desenvolvimento:* do falso dilema entre competição ou cooperação ao conceito de concorrência cooperativa, São Paulo, Singular, 2008, p. 78.

É evidente que o modelo europeu de controle das ajudas de Estado não poderia ser reproduzido no Brasil em sua integralidade. Adaptações são necessárias, porém não podemos ignorar o benefício de haver um exemplo consolidado à disposição. A legislação aplicável, o procedimento e os fatores de sucesso e de dificuldade enfrentados pela Comissão podem servir de estudo e de referência para o Brasil.

Aliás, deve-se notar que o sistema concorrencial europeu não é estranho ao brasileiro, uma vez que serviu de modelo para vários procedimentos de controle das concentrações econômicas e práticas anticoncorrenciais. O CADE recorre às resoluções e portarias para tornar o seu processo de julgamento mais eficaz, aperfeiçoar o procedimento e preencher as lacunas da legislação. Nessa linha, a *soft law* seria uma ferramenta muito importante na estrutura criada pela Lei 12.529/2011, permitindo ao CADE agir de maneira rápida e flexível diante da condução de um sistema de controle das ajudas de Estado no Brasil. Os regulamentos, os procedimentos e a jurisprudência europeus, somados à experiência da Comissão, não podem ser descartados como referências preciosas para o CADE.

§ 2 – A obrigação do Conselho Administrativo de Defesa Econômica (CADE) de efetuar um controle das ajudas de Estado

A – A Lei 12.529/2011: a obrigação do Conselho Administrativo de Defesa Econômica (CADE) de prevenir e reprimir as infrações que ameaçam a ordem econômica

O CADE é competente para prevenir e reprimir as infrações contra a ordem econômica. Nos termos da legislação anterior (Lei 8.884/1994), para evitar a realização de concentrações econômicas que pudessem trazer prejuízos à concorrência, o artigo 54 dispunha que: "*Os atos, sob qualquer forma manifestados*, que possam limitar ou de qualquer forma prejudicar a livre concorrência, ou resultar na dominação de mercados relevantes de bens ou serviços, deverão ser submetidos à apreciação do CADE".[213]

Para reprimir as práticas anticoncorrenciais, o artigo 20 da Lei 8.884/1994 previa que: "Constituem infração da ordem econômica, independentemente de culpa, *os atos sob qualquer forma manifestados*, que tenham por objeto ou possam produzir os seguintes efeitos, ainda que não sejam alcançados: I – limitar, falsear ou de qualquer forma prejudicar a livre concorrência ou a livre-iniciativa; II – dominar mercado relevante de bens ou serviços; III – aumentar arbitrariamente os lucros; IV – exercer de forma abusiva posição dominante".[214]

Provavelmente, notando a impossibilidade de enumerar todas as formas de concentrações econômicas e práticas anticoncorrenciais, o legislador optou pela frase genérica "*os atos sob qualquer forma manifestados*", que compreende todo tipo de comportamento concorrencial. A lei atual (Lei 12.529/2011) manteve essa mesma expressão, reproduzindo no artigo 36, que trata das infrações contra a ordem econômica, os mesmos termos do artigo 20 da lei anterior.[215] A relação das práticas anticoncorrenciais

---

213. Grifos nossos.

214. Grifos nossos.

215. Para as concentrações econômicas o termo não foi replicado fielmente, porém o § 5.º do artigo 88 da Lei 12.529/2011 dispõe que: "Serão proibidos os atos de concentração que impliquem eliminação da concorrência em parte substancial de mercado relevante, que possam criar ou reforçar uma posição dominante ou que possam resultar na dominação de mercado relevante de bens ou serviços, ressalvado o disposto no § 6.º deste artigo". O § 6.º por sua vez, estabelece que: "Os atos a que se refere o § 5.º deste artigo poderão ser autorizados, desde que sejam observados os limites estritamente necessários para atingir os seguintes objetivos: I – cumulada ou alternativamente: a) aumentar a produtividade ou a competitividade; b) melhorar a qualidade de bens ou serviços; ou c) propiciar a eficiência e o desenvolvimento tecnológico ou econômico; e II – sejam repassados aos consumidores parte relevante dos benefícios decorrentes".

presente em ambas as leis é ilustrativa e não restritiva. Ora, nada nos diz que as ajudas de Estado devem ser afastadas desse dispositivo legal, ou que elas não estão contidas no conceito deixado intencionalmente aberto pelo legislador.

Se uma concentração econômica depende de uma ajuda de Estado para se concretizar (por exemplo, uma parte dos recursos provém de fundos do BNDES), não podemos dizer que o Estado (em nosso exemplo, o BNDES) não faz parte da operação ou que ele desempenha um papel secundário, sobretudo em termos concorrenciais. Da mesma maneira, se certa ajuda de Estado contribui ou é responsável por produzir efeitos nocivos à concorrência, deveria ser enquadrada como prática anticoncorrencial. O fato de que esse tipo de enquadramento jamais tenha sido usado pelo CADE não significa que não seja aplicável. Como vimos, a única jurisprudência existente em matéria de ajudas de Estado não tratou da questão profundamente, pois estava restrita a uma consulta em abstrato.

Paula Forgioni[216] observa que o Sistema Brasileiro de Defesa da Concorrência é um sistema híbrido, "que aproveita o europeu no que tange à caracterização do ilícito pelo objeto ou efeito, mas supera tanto esta tradição quanto aquela norte-americana no que tange à tipificação dos atos". A Europa adota um sistema de determinação do ilícito pelo objeto ou efeito das práticas, de tal maneira que a prática somente será proibida se trouxer prejuízos ao comércio com os Estados membros ou, especificamente na hipótese de acordo entre empresas, se tiver por objeto ou efeito impedir, restringir ou falsear o jogo da concorrência no mercado europeu.

Segundo a autora,[217] tomando como ponto de referência o objeto ou efeito da prática, o artigo 20 da Lei 8.884/1994 (integralmente replicado no artigo 36 da Lei 12.529/2011) refere-se

---

216. FORGIONI, Paula A. op. cit., p. 137.

217. Idem, ibidem, p. 138.

aos "atos sob qualquer forma manifestados", compreendendo os acordos e concentrações entre empresas, o domínio de mercado e o abuso de posição dominante. "Para que seja considerado contrário à ordem econômica, basta que o ato determine a incidência do artigo 20 [artigo 36 da nova lei], ou seja, tenha por objeto ou produza um dentre os seguintes efeitos: (i) limitar, falsear ou de qualquer forma prejudicar a livre concorrência ou a livre-iniciativa; (ii) dominar mercado relevante de bens ou serviços; (iii) aumentar arbitrariamente os lucros; ou (iv) exercer de forma abusiva posição dominante. Em razão desse sistema adotado pela Lei n. 8.884/94 [e mantido pela Lei 12.529/2011], o intérprete brasileiro acaba por ser poupado de esforços hermenêuticos para a caracterização de determinada prática como atentatória à ordem econômica, como ocorre em outros ordenamentos."

As ajudas de Estado podem caracterizar, ou não, uma infração contra a ordem econômica (o sistema brasileiro rejeita a condenação *per se*), mas cabe ao CADE analisar e tomar as medidas necessárias para proteger o mercado na hipótese de que uma ajuda possa limitar, falsear ou de qualquer forma prejudicar a concorrência. Como observa Calixto Salomão Filho:[218] "A não ser no caso da atividade estatal planificada e dos serviços formal e materialmente públicos, em que há uma clara intenção de substituição do sistema concorrencial, não é possível isentar do controle antitruste comportamental e estrutural qualquer tipo de atuação do Estado".

B – A justificativa do controle das ajudas de Estado pelo Conselho Administrativo de Defesa Econômica (CADE) em razão de seu efeito sobre a concorrência

O artigo 9.º da Lei 12.529/2011 dispõe que o CADE é competente para decidir sobre a existência de infrações contra a or-

218. SALOMÃO FILHO, Calixto. *Regulação da atividade econômica (princípios e fundamentos jurídicos)*, São Paulo, Malheiros, 2001, p. 152.

dem econômica, aplicar as penalidades legais e ordenar providências que conduzam à cessação de infração à ordem econômica. O artigo 31 do mesmo dispositivo legal prevê que a lei igualmente se aplica às pessoas jurídicas de direito público, não afastando a possibilidade de que um órgão do Estado possa cometer uma infração anticoncorrencial.

Roberto Codorniz Leite Pereira[219] resume a questão afirmando que: "não se trata de uma questão de falta de competência do Cade em matéria de controle de ajudas de estado, trata-se de uma tradição, conforme já apontada, de controle apenas formal das ajudas de estado concedidas no Brasil. Nesse contexto, o Cade deu um primeiro passo através da consulta formulada, que, apesar de não possuir nenhum efeito vinculativo, demonstra a importância do tema em matéria de direito concorrencial".

O autor critica o papel desempenhado pelo CADE, uma vez que a instituição "não vem assumindo a função de controlar as ajudas de estado concedidas pelos estados membros e, até mesmo, pela União Federal, no que diz respeito aos efeitos concorrenciais advindos de sua concessão".[220-221] Ele sugere a adoção de dois critérios para proteger o sistema concorrencial brasileiro contra os efeitos nocivos das ajudas de Estado: 1) validade (as ajudas devem ser concedidas conforme a lei); 2) eficácia (análise prévia e aprovação pelo CADE). Segundo o autor, "seria apenas com o controle prévio do Cade que o auxílio concedido teria a sua eficá-

---

219. PEREIRA, Roberto Codorniz Leite. Op. cit., p. 227.

220. Idem, ibidem, p. 236-237.

221. Em seu artigo para a *Revista do IBRAC*, Giovani Ribeiro Loss concluiu igualmente que a legislação brasileira é desprovida de instrumentos jurídico-administrativos antitruste eficazes voltados aos aspectos anticompetitivos dos incentivos fiscais estaduais, e que a instrumentalização da legislação antitruste a esse respeito criaria um controle flexível, que alcançaria mudanças legislativas e de mercado (A análise dos incentivos fiscais estaduais pelo CADE. *Revista do IBRAC*, v. 8, n. 2).

cia garantida, ou seja, o seu aproveitamento estaria condicionado à aprovação da referida instituição". O controle *ex ante* não excluiria o controle *ex post*, mas seria mais eficaz para prevenir danos à concorrência. Além disso, o controle prévio do CADE sobre as ajudas de Estado poderia evitar conflitos na OMC, "transformando o CADE em um verdadeiro guardião do Acordo GATT no Brasil".[222]

Em seu artigo, o autor não propõe a "mera importação de instituições e mecanismos sem nos atentarmos para as diferentes realidades entre o Brasil e a União Européia; trata-se de um exercício de reflexão que se pode fazer ao comparar as duas realidades, buscando alternativas viáveis para o controle de ajudas de estado no Brasil".[223]

Nesse ponto, não concordamos com o autor. O sistema de controle das ajudas de Estado da União Europeia pode perfeitamente servir de referência ao Brasil para a criação de um sistema similar. É certo que as peculiaridades do sistema supranacional europeu e do sistema nacional brasileiro impediriam a aplicação fiel do modelo europeu no Brasil, mas tentamos demonstrar que as semelhanças são maiores que as diferenças, e que os efeitos sobre a concorrência justificariam a adoção de um mecanismo semelhante.

---

222. PEREIRA, Roberto Codorniz Leite. Op. cit., p. 238-239.

223. Idem, ibidem, p. 245.

Conclusão

Este estudo pretendeu demonstrar que o Brasil deveria controlar a concessão das ajudas de Estado da mesma maneira que a União Europeia. Para chegar a essa conclusão, tentamos apontar as semelhanças entre o sistema supranacional da União Europeia e o sistema do Estado nacional brasileiro. Os dois são regidos pelas regras de economia de mercado fundadas sobre o princípio da livre concorrência. Os dois possuem mercados heterogêneos, cujas falhas e desequilíbrios internos justificam a concessão de auxílios pelos respectivos Estados. As ajudas concedidas tanto na União Europeia quanto no Brasil possuem as mesmas características e provocam efeitos semelhantes ou idênticos sobre a concorrência. Para evitar os efeitos concorrenciais nocivos, a União Europeia desenvolveu um quadro jurídico próprio para controlar os auxílios estatais que poderia servir de referência ao Brasil.

Para nosso estudo comparativo, tratamos das ajudas de Estado no contexto da política de desenvolvimento produtivo e das políticas de incentivo para o desenvolvimento industrial e econômico do governo brasileiro. Os auxílios estatais concedidos em nível federal pelo BNDES, e em nível regional pelos estados membros da Federação brasileira, foram escolhidos como exemplos para demonstrar que a autoridade brasileira de defesa da concorrência, o CADE, reconhece sua competência para examinar os efeitos concorrenciais das ajudas, mas a ausência de uma legislação específica sobre a matéria o impede de agir para controlá-las. A legislação e os procedimentos europeus aplicáveis ao controle das ajudas de Estado foram descritos em linhas gerais visando propor ao Brasil a adoção de um modelo similar que poderia assegurar o equilíbrio entre a liberdade conferida ao Estado no que se refere à concepção de sua política econômica e a necessidade de garantir condições justas e imparciais de concorrência para todos os agentes que exercem atividades no mercado.

As principais dificuldades enfrentadas pela Comissão para controlar os auxílios estatais demonstraram que o sistema europeu já é bem consolidado para servir de exemplo ao Brasil. No entanto, a reprodução fiel do modelo europeu para o Brasil não é possível nem recomendável em razão das peculiaridades de cada sistema. Assim, podemos identificar os principais desafios diante dos quais o Brasil se encontraria na hipótese da criação de um sistema brasileiro de controle das ajudas de Estado, destacando a necessidade de adaptações legais, estruturais, políticas e institucionais. Apesar das dificuldades, acreditamos que a criação de um sistema brasileiro de controle das ajudas de Estado é possível e necessária. Uma vez que a sociedade brasileira compreenda que não se trata de outra forma de intervenção estatal, mas, ao contrário, de um mecanismo eficaz de proteção à concorrência, que em última instância beneficiará o consumidor final, a recepção do novo sistema poderá ser positiva. A aversão da sociedade brasileira à utilização de fundos públicos para o benefício de certas empresas privadas é conhecida e poderá contribuir para a boa acolhida do sistema.

Bibliografia

AGIER, Antonin. *Crise systémique, interventions publiques et contrôle européen des aides d'Etat*. Thèse. Paris: Université de Paris 1, 2010.

ALÉM, Ana Cláudia; GIAMBIAGI, Fábio et al. *O BNDES em um Brasil em transição*. Rio de Janeiro: BNDES, 2010.

BRISSE, Mathieu. Le rôle juridique contrasté de l'Union Européenne face à la crise – un tour d'horizon des mesures prises. *RMCUE*, n. 534, jan. 2010.

CAMPOS, Marcos Vinícius. *Concorrência, cooperação e desenvolvimento:* do falso dilema entre competição ou cooperação ao conceito de concorrência cooperativa. São Paulo: Singular, 2008.CHANTEBOUT, Bernard. *Droit constitutionnel*. 21. ed. Paris : Armand Colin, 2004.

COMMUNIER, Jean-Michel. *Le droit communautaire des aides d'État*. Paris : LGDJ, 2000.

DECOCQ, André ; DECOCQ, Georges. *Droit de la concurrence, droit interne et droit de l'Union Européenne*. 4. ed. Paris: LGDJ, 2010.

DERENE, Jacques. La Commission publie une communication limitant les aides au minimum nécessaires et posant des garde-fous contre les distorsions indues de concurrence. *Concurrences*, n. 1, 2009.

DONY, Marianne. *Contrôle des aides d'État*. 3. ed. Bruxelles: Institut d'Études Européennes, 2007.

DUBOIS, Louis; BLUMANN, Claude. *Droit matériel de l'Union Européenne*. 5. ed. Paris: Montchrestien, 2009.

FERRAZ JÚNIOR, Tercio Sampaio. A economia e o controle do Estado. *O Estado de S. Paulo*, de 4 de junho de 1989.

_______. Práticas tributárias e abuso de poder econômico. *Revista de Direito da Concorrência*, n. 9, p. 125, jan.-mar. 2006.

_______. Princípio da neutralidade concorrencial do Estado. In: RIBEIRO, Lauro Luiz Gomes; BERARDI, Luciana Andrea Accorsi. *Estudos de direito constitucional em homenagem à Professora Maria Garcia*. São Paulo: IOB Thomson, 2007.

FERREIRA FILHO, Manoel Gonçalves. *Curso de direito constitucional*. 18. ed. São Paulo: Saraiva, 1990.

FORGIONI, Paula A. *Os fundamentos do antitruste*. São Paulo: Ed. RT, 1998.

GAUDEMET, Yves. *Droit administratif*. 19. ed. Paris: LGDJ, 2010.

GRAU, Eros Roberto. *A ordem econômica na Constituição de 1988*. 14. ed. São Paulo: Malheiros, 2010.

JAYME JR., Frederico G; CROCCO, Marco et al. (org.). *Bancos públicos e desenvolvimento*. Rio de Janeiro: IPEA, 2010.

KAZZI, Habib. Aides d'État et compétitivité des entreprises communautaires. *Revue Internationale de Droit Économique*, t. XXI, n. 4, p. 441-447, 2007.

KEPPENNE, Jean Paul. *Guide des aides d'État en droit communautaire:* réglementation, jurisprudence, et pratique de la Commission. Bruxelles: Bruylant, 1999.

LOSS, Giovani Ribeiro. A análise dos incentivos fiscais estaduais pelo CADE. *Revista do IBRAC*, v. 8, n. 2, p. 59-75, 2001.

MACIEL, Marcelo Sobreiro. *Política de incentivos fiscais:* quem recebe isenção por setores e regiões do país. Brasília: Biblioteca Digital da Câmara dos Deputados, 2010.

MATTOS FILHO, Ary Oswaldo. Guerra fiscal e o papel do STF. *Gazeta Mercantil*, de 3 de fevereiro de 2000, p. A-3.

NICINSKI, Sophie. *Droit public des affaires*. 2. ed. Paris: Montchrestien, 2010.

PEREIRA, Roberto Codorniz Leite. O tratamento jurídico do controle das ajudas de Estado e as suas repercussões concorrenciais. *Revista do IBRAC*, v. 18, p. 205-247, 2010.

RUBIO, Nathalie. Les instruments de soft law dans les politiques communautaires. *Revue Trimestrielle de Droit Européen*, n. 4, p. 597, 2007.

SALOMÃO FILHO, Calixto. *Direito concorrencial:* as estruturas. São Paulo: Malheiros, 1998.

_______. *Regulação da atividade econômica (princípios e fundamentos jurídicos)*. São Paulo: Malheiros, 2001.

SARAVIA, Enrique Jerónimo. *L'entreprise publique comme instrument des politiques publiques:* le cas de la Banque Nationale de Développement Économique et Social du Brésil. Thèse. Paris: Université de Paris 1, 2005.

SARTI, Fernando; HIRATUKA, Célio. Gasto público, lucro privado. *Carta capital*, 16 fev. 2011.

SCANDAMIS, Nikos. *Le paradigme de la gouvernance européenne – entre souveraineté et marché*. Bruxelles: Bruylant, 2009.

STORCK, Michel; CERQUEIRA, Gustavo V. C.; COSTA, Thales M. *Les frontières entre liberté et interventionnisme en droit français et en droit brésilien*. Paris: L'Harmattan, 2010.

UNGER, Roberto Mangabeira. *A segunda via – presente e futuro do Brasil*. São Paulo: Boitempo Editorial, 2001.

VADE-MECUM DES AIDES D'ÉTAT. La documentation française. avril 2010.

VELLOSO, João Paulo dos Reis; ALBUQUERQUE, Roberto Cavalcanti et al. *A promoção do desenvolvimento:* os 50 anos do BNDES e do Banco do Nordeste, Rio de janeiro: José Olímpio, 2003.

Documentos oficiais:

União Europeia

Tratado que institui a Comunidade Europeia do Carvão e do Aço (Tratado CECA ou Tratado de Paris), assinado em 18 de abril de 1951, entrou em vigor em 24 de julho de 1952 e expirou em 23 de julho de 2002; Tratado que institui a Comunidade Econômica Europeia (Tratado CEE), assinado em 25 de março de 1957, entrou em vigor em 1.º de janeiro de 1958, conhecido como o Tratado que institui a Comunidade Europeia (Tratado CE) ou Tratado de Roma, mas após a entrada em vigor do Tratado de Lisboa, tornou-se o Tratado sobre o Funcionamento da União Europeia (ou Tratado TFUE); Tratado que institui a Comunidade Europeia de Energia Atômica (Tratado CEEA ou Euratom), assinado em 25 de março de 1957, entrou em vigor em 14 de janeiro de 1958; Ato Único Europeu (AUE), assinado em 17/28 de fevereiro de 1986, entrou em vigor em 1.º de julho de 1987; Tratado da União Europeia (Tratado TUE ou Tratado UE), assinado em 7 de fevereiro de 1992, entrou em vigor em 1.º de novembro de 1993; Tratado de Lisboa, assinado em 13 de dezembro de 2007, entrou em vigor em 1.º de dezembro de 2009.

Estudo "As disparidades regionais e a coesão: quais estratégias para o futuro?" do Parlamento europeu, maio 2007.

Plano de ação no domínio dos auxílios estatais – Menos auxílios estatais e mais orientados: um roteiro para a reforma dos auxílios estatais 2005-2009, COM (2005) 107 final.

Código de boas práticas para a condução dos procedimentos de controle dos auxílios estatais (2009/C, 136/04) publicado no *Jornal Oficial da União Europeia* de 16 de junho de 2009.

Painel de avaliação dos auxílios estatais, COM (2007) 347 final, COM (2010) 701 final, COM (2010) 255 final.

Regulamentos da Comissão e do Conselho: Regulamento (CE) 659/1999 do Conselho, de 22 de março de 1999, sobre as modalidades de aplicação do artigo 93 do Tratado CE, *JO* L83, de 27 de março de 1999, p. 1; Regulamento (CE) 794/2004 da Comissão, de 21 de abril de 2004, sobre a aplicação do regulamento (CE) 659/1999 do Conselho, tratando das modalidades de aplicação do artigo 93 do Tratado CE, *JO* L140, de 30 de abril de 2004, p. 1; Regulamento (CE) 1998/2006 da Comissão, de 15 de dezembro de 2006, sobre a aplicação dos artigos 87 e 88 do tratado às ajudas *de minimis*, *JO* L379/5 de 28 de dezembro de 2006; Regulamento (CE) 800/2008 da Comissão, de 6 de agosto de 2008, declarando algumas categorias de auxílios compatíveis com o mercado comum, aplicando-se os artigos 87 e 88 do tratado (Regulamento geral das isenções por categoria), *JO* L214/3, de 9 de agosto de 2008.

Enquadramento comunitário dos auxílios estatais à investigação e desenvolvimento e à inovação (2006), *JO* C 323/01, de 30 de dezembro de 2006.

Livro verde sobre serviços de interesse geral, COM(2003) 270 final, *JO* C 76, de 25 de março de 2004.

Comunicações da Comissão: "Um ato para um mercado único" COM (2010) 608/5; "A política comercial no coração da estratégia Europa 2020" – COM (2010) 612; "Uma política industrial integrada para a era da globalização" COM (2010) 614; "Enquadramento dos auxílios estatais às PME", *JOCE*, C 323, 23 julho 1997. Principais comunicações da Comissão no contexto da crise financeira mundial: 2009/C 10/3, *JOCE* de 15 de janeiro de 2009; 2009/C 16/01, *JOCE* de 22 de janeiro de 2009; 2009/C 72/01, *JOCE* de 26 de março de 2009; *JOCE* de 1.º dezembro de 2010, IP/10/1636.

Brasil

Constituição da República Federativa do Brasil de 1988.

Lei 12.529/2011, Lei 8.884/1994, Lei 8.661/1993 (modificada pela Lei 10.637/2002), Lei 11.196/2005, Lei 8.248/1991, Lei 9.990/2000, Lei 10.147/2000, Lei 10.485/2002.

Lei 1.628 de 20.06.1952 (BNDE), Decreto-lei 1940, de 25.05.1982 (BNDES).

Lei complementar 24/1975 (CONFAZ).

Projeto de lei 6/2009.

Balanço da gestão do CADE 2009/2010.

Glossário da Secretaria de acompanhamento econômico (SEAE).

Política de desenvolvimento produtivo PDP do Ministério do Desenvolvimento, Indústria e Comércio Exterior.

Relatório da Federação das indústrias do Estado de São Paulo (FIESP) de junho de 2011.

Jurisprudência:

União Europeia

CJCE, 11 de dezembro de 1973, *Lorenz*, C-120/73.

CJCE, 13 de fevereiro de 1979, *Hoffmann-La Roche*, C-85/76.

CJCE, 17 de setembro de 1980, *Philip Morris Holland BV c/ Commission*, C-730/79.

CJCE, 16 de junho de 1987, *Commission c/ République Italienne*, 118/85.

CJCE, 14 de outubro de 1987, *RFA c/ Commission*, C-248/84.

CJCE, 11 de novembro de 1987, *France c/ Commission*, C-259/85.

CJCE, 27 de setembro de 1988, *Humbel*, 263/86.

CJCE, 2 de fevereiro de 1988, *Van der Kooy e.a. c/ Commission*, C-67,68,70/85.

CJCE, 14 de fevereiro de 1990, *République Française c/Commission*, C-301/87.

CJCE, 21 de março de 1990, *Belgique/Commission*, C-142/87.

CJCE, 23 de abril de 1991, *Höffner et Elser*, C 41/90.

CJCE, 17 de fevereiro de 1993, *Poucet et Pistre*, C-159/91 et C-160/91.

CJCE, 6 de junho de 1993, *Matra c/ Commission*, C-225/91.

CJCE, 19 de janeiro de 1994, *SAT Fluggesellschaft c/ Eurocontrol*, C-264/92.

CJCE, 29 de junho de 1995, *Espagne c/ Commission*, C-135/93.

CJCE, 16 de novembro de 1995, *FFSA e.a.*, C-244/94.

CJCE, 11 de julho de 1996, *SFEI e.a.*, C-39/94.

CJCE, 18 de junho de 1998, *Commission c/ Italie*, C-35/96.

CJCE, 22 de janeiro de 2002, *INAIL*, C-218/00.

CJCE, 16 de maio de 2002, *République Française c/ Commission*, C-482/99.

CJCE, 24 de julho de 2003, *Altmark Trans GmbH*, C-280-00.

CJCE, 14 de abril de 2005, *Royaume de Belgique c/ Commission*, C-110/03.

CJCE, 11 de setembro de 2007, *Commission c/ Allemagne*, C-318/05.

CJCE, 1.º de julho de 2008, *Chronopost SA, La Poste c/ Union Française de l'Express (UFEX) e.a.*, C-341/06 et C-342/06.

TPICE, 12 de dezembro de 1996, *Air France c/ Commission*, T 358/94.

TPICE, 6 de setembro de 2006, *République Italienne c/ Commission*, T-304/04 et T-316/04.

Comissão Europeia: Decisão 88/167, de 07.10.1987; Decisão 95/547, de 26.07.1995; Decisão 96/369, de 13.03.1996, decisão 92/11, de 31.07.1991.

Brasil

Processo administrativo 08012.006525/2001-11.

Averiguação Preliminar 08012.005076/2005-17.

Supremo Tribunal Federal (STF), Decisão de 1.º.06.2011, ADIN 3.674/RJ.

Superior tribunal de justiça, RE 1.094.218-DF, Decisão de 25.08.2010.

Ato de Concentração 08012.008355/2008-85, Totvs S.A. e Datasul S.A., j. em 05.08.2009.

Consulta 38/1999, Pensamento Nacional das Bases Empresariais – PNBE, Decisão CADE de 22.03.2000.

Sítios na internet:

http://www.robert-schuman.eu/question_europe.php?num=qe-60

www.cade.gov.br

www.ec.europa.eu

www.eur-lex.europa.eu

www.europarl.europa.eu

www.fiesp.com.br

www.hec.fr

www.ibge.gov.br

www.pdp.gov.br

www.regulacao.gov.br

www.seae.fazenda.gov.br

Índice

Este livro foi composto
na fonte Minion Pro, corpo 11
e impresso em off-set.